Reinhard Kalb und Tilmann Grewe

Mittelfranken

55 Meilensteine der Geschichte

Menschen, Orte und Ereignisse, die unsere Region bis heute prägen

SUTTON

Inhalt

Vorwort

Mittelfranken, woran denkt man da? Eigentlich müsste es ja Franken heißen, aber die Bayern haben zu viel Angst vor dem Nachbarn im Norden, darum haben sie ihn in drei Regierungsbezirke aufgeteilt. Mittelfranken, das klingt wie eingequetscht zwischen Ober- und Unterfranken, wie ein Zwischenglied. Manche denken beim Stichwort Mittelfranken an Nürnberg. Oder an kleine mittelalterliche Städte wie Rothenburg und Dinkelsbühl. Aber Mittelfranken ist mehr als Mittelalter und Romantik des 19. Jahrhunderts. Hier wurde vielfältig Geschichte geschrieben.

Die Besiedelung begann mit vereinzelten Dörfern rund um Thalmässing. Später kamen die Römer, zogen ihren Limes durch das Land und sorgten für Badekultur. Missionare aus England gründeten Klöster und hoben die Zivilisation an. Hopfen, Honig und Karpfen prägten die Wirtschaft wie die Landschaft. Im Mittelalter gewannen die Städte an Selbstbewusstsein und Macht und boten Fürsten die Stirn. Die Goldene Straße, ein wichtiger Handelsweg, verband Prag und Frankfurt mit Nürnberg.

Die Geschichte wurde oft nicht mit Tinte, sondern mit Blut und Tränen geschrieben. Die Tinte der Dichter floss erst hinterher. Der Dreißigjährige Krieg verursachte in Mittelfranken gewaltige Schäden, entvölkerte ganze Landstriche. Umgekehrt sorgten religiöse Verfolgungen anderswo für neuen Zuzug. Die Schauspiele zum Dreißigjährigen Krieg, die alle im 19. Jahrhundert entstanden, spielen bewusst vor authentischen Kulissen. Und sie haben nicht von ungefähr die Großmut der Sieger und die Versöhnung mit den Besiegten zum Thema.

Auch Industriegeschichte verläuft wie die Geschichte sonst: Gewaltige Projekte wie Festungen und Kanäle werden begonnen, scheitern oder funktionieren eine gewisse Zeit lang, um dann von der politischen oder industriellen Entwicklung überholt zu werden. Der alte Ludwigskanal stellt inzwischen eine wunderbare Symbiose aus Technik und zurückerobernder Natur dar. Angesichts dessen mag man sich fragen, wie in hundert oder zweihundert Jahren die Wasserstraße des Europakanals sich darbieten mag.

Der Nationalsozialismus hat nicht nur in Nürnberg seine Spuren hinterlassen. Auf dem Land finden sich gleichfalls noch Spuren des kollektiven Wahns. Und auch der Wohlstand der fetten Jahre hat in die Landschaft eingegriffen. Aber immer noch ist und bleibt Mittelfranken, ebenso wie Ober- und Unterfranken, eine liebenswerte Gegend, die sich erst auf den zweiten Blick erschließt, die erwandert und erschaut werden will. Wem das gelingt, den lässt diese Region nicht mehr los.

Reinhard Kalb

Im Sommer lädt das alte Treidelschiff „Elfriede" bei Burgthann zu einer kleinen Tour auf dem Alten Kanal. ▶

ELFRIEDE
ELFRIEDE

1 Mittelfrankens schönste Aussicht

Der Hesselberg

Wenn es eine Höhe in Mittelfranken gibt, deren Anblick die Betrachter sofort in ihren Bann schlägt, dann der Hesselberg. Einsam und langgestreckt erhebt er sich, bekrönt von einem Sendemast, als Inselberg aus der Ebene. Auch seine wechselvolle Geschichte ist faszinierend.

Von Gerolfingen aus führt die Straße bis fast nach ganz oben. Drei Gipfel zieren den Hesselberg, nämlich (von West nach Ost) der Gerolfinger Berg, der Ehinger Berg (mit dem Mast) sowie der Röckinger Berg, auch Osterwiese genannt, ein weites Hochplateau. Auf 689 Metern Höhe genießen die Besucher eine grandiose Aussicht: nach Norden bis zur Nürnberger Burg, nach Süden zum Nördlinger Ries und nach Südwesten bis zu den drei Kaiserbergen der Schwäbischen Alb. An Föhntagen zeichnen sich die Alpen im Süden ab. Botaniker haben am kahlen Südhang des sonst überwiegend bewaldeten Berges ihre helle Freude, denn in diesem Trockenbiotop gedeihen Pflanzen, die unter strengem Naturschutz stehen. Etwa Küchenschelle und Silberdistel, Natternkopf und Edle Schafgarbe sowie Wolfsmilch. Anderswo duftet es im April appetitlich nach Bärlauch.

Eine solche Landmarke mit Aussicht bietet natürlich Schutz vor Feinden. Schon in der Bronzezeit war der Berg besiedelt. Auch wenn keine Reste eines Wachturms von ihnen zeugen, dürften die Römer den Berg unweit des Limes als Aussichtsposten genutzt haben. Zwischen dem Parkplatz und der Osterwiese finden sich Erdwälle und Erhebungen. Dies sind die Reste einer kleinen Burg der Alamannen, die im 10. Jahrhundert bei den Einfällen der Ungarn unterging. Davon künden Pfeilspitzen, die man am Berg ausgegraben hat.

Kurioserweise war der Berg nie von einer Kapelle bekrönt. Vielleicht hatten Spukgeschichten wie die Mär von den drei

Langgestreckt und majestätisch zieht sich der Hesselberg hin, einsam gelegen wie ein verwunschener Berg aus einem Roman von Tolkien.

verfluchten Jungfern oder die Geschichte vom Buben, der in eine Höhle stieg und von dem man nur ein blutiges Seil mit einem Bocksfuß daran fand, die Gläubigen vom „Öselberg“ (was „öder Berg“ bedeutet) ferngehalten. Dafür wurde der Hesselberg von militanten Initiativen in Beschlag genommen. Das begann schon im Bauernkrieg 1525, später mit dem Deutsch-Französischen Krieg 1871, nach dessen Ende sich die Veteranen dort zum Sedanstag trafen.

An diese Treffen schloss Julius Streicher, der psychopathische Nazi-Gauleiter von Franken, an. 1928 zelebrierte er seinen ersten „Frankentag“. Schon 1932 zierte ein 20 mal 20 Meter messendes steinernes Hakenkreuz die Südseite. Kaum waren die Nationalsozialisten an der Macht, baute Streicher die Frankentage zu Massenveranstaltungen aus, in direkter Kopie der Nürnberger Reichsparteitage. Hitler hingegen ignorierte diese Kundgebungen, nur ein einziges Mal im Jahr 1930 ließ er sich dort oben blicken. Auch wollte Streicher auf der Osterwiese eine Adolf-Hitler-Schule sowie eine Thing-Stätte erbauen und sich selbst ein Mausoleum von 120 Metern Durchmesser gönnen. Dies alles blieb nur Plan, und heute zeugt nichts mehr von den Nazis.

Nach dem Krieg versuchte die evangelische Kirche als Reaktion auf den Nationalsozialismus den Hesselberg christlich zu spiritualisieren. Dies gelang ihr mittels der Landvolkshochschule, in der bis heute Seminare für Gemeindehelfer und die ländliche Bevölkerung stattfinden. Die Amerikaner nutzten den Berg militärisch. Sie installierten 1945 eine Radaranlage, der in den 60er-Jahren ein knapp hundert Meter hoher Sendemast folgte. Ob der Mast als Industriedenkmal erhalten bleibt oder abgebaut wird, ist offen. Die obersten 23 Meter hat er bereits eingebüßt.

2 Ein Schatz aus der Vorzeit
Burgthann und der Goldhut

Es ist der Traum eines jeden Archäologen. Und gleichzeitig der Alptraum. Da gräbt ein Bauer im Boden und entdeckt einen Jahrhundertfund. Doch was stellt er damit an? Erkennt er seinen Wert? Oder wirft er die Stücke achtlos weg? Der Goldkegel von Ezelsdorf ist solch ein Traum.

Im April 1953 hackte ein Landwirt im Wald zwischen den Dörfern Ezelsdorf und Buch einen Wurzelstrunk aus dem Boden, da stieß er auf Blech. Er zog das verformte Ding heraus und hackte es in Stücke. Als seine Frau ihm das Essen brachte, entdeckte sie das schimmernde Zeug auf dem Boden. Ganz so wertlos mag es nicht sein, dachte sie angesichts der Muster auf dem Blech und nahm die Stücke mit. Dem Zahnarzt zeigte sie ein Fragment, und der erkannte das „Blech" als Gold. Was nun? Einschmelzen und als Zahngold verwenden? Vorsichtshalber zog der Arzt den Leiter der Vorgeschichtlichen Abteilung des Germanischen Nationalmuseums in Nürnberg hinzu. Dieser stellte zu seiner hellen Freude wie zu seinem hellen Entsetzen fest, dass er hier die Trümmer eines Goldkegels vor sich liegen hatte, vergleichbar den Kegeln aus Schifferstadt in der Pfalz und Avanton in Frankreich.

An der Fundstelle kamen noch einige Goldsplitter zutage, doch weiter nichts. Mühsam wurde der Kegel wieder in Form gebracht und untersucht. Heute steht er als Prunkstück der Bronzezeit im Germanischen Nationalmuseum.

Der Kegel ist gut 3.000 Jahre alt. Mit 88 Zentimetern in der Höhe und 21 Zentimeter an der breitesten Stelle wiegt er 310 Gramm. Der ursprüngliche Goldklumpen war so groß wie eine Streichholzschachtel, die Schmiedetechnik bewundernswert. Psychologen sehen in dem Kegel ein ganz bezauberndes Phallussymbol. Andere Forscher erkennen einen Hut. Natürlich für einen Priester, der ihn zu kultischem Zweck trug. Entsprechend müsste dieser Hut auf einer Krempe aus organischem Material befestigt gewesen sein. Aber ein Goldhut mit einer Wandstärke von 0,078 Millimetern ist ein fragiles Ding. Fiele er bei einer Zeremonie vom Kopf, könnte er zerbrechen. Ein böses Omen, die Götter zürnen! Priester sind schlaue Menschen. Würden sie sich auf ein solches Risiko einlassen?

Könnte der Hut als Totem auf einem Pfahl gethront haben? Oder stand er in der Nische eines Heiligtums? Was hat es mit den punzierten Mustern auf sich? Diese bestehen aus mehreren Zierbändern, auf denen sich Räder oder Ringe aus konzentrischen Kreisen befinden. Dabei variiert die Zahl der ineinander geschachtelten Kreise. Die Ringe stehen auf einem Band fein säuberlich nebeneinander, auf einem anderen überlappen sie sich, und in einer weiteren Zone durchdringen sie sich gegenseitig. Ornamentale Spielerei? Oder steckt mehr dahinter? Vielleicht ein Kalender oder eine astronomische Darstellung?

Der Goldkegel war als Einzelstück unter dem Humus in sandigem Boden aufrecht stehend vergraben worden. Das

Viereinhalb Meter reckt sich die Nachbildung des Goldkegels oder -hutes am Fundort in die Höhe. In solcher Vergrößerung wirkt er eher wie ein Fruchtbarkeitssymbol denn als Kopfbedeckung.

spricht eher für eine rituelle Beisetzung als für ein Versteck. Wobei die Beisetzung dem guten Stück selbst galt, nicht einem Häuptling oder Priester. Über den Grund kann man nur spekulieren. War es eine Opfergabe, um Missernten zu beenden? Die Abdankung einer vorzeitlichen Religion? Am Fundort weist nichts auf einen besonderen Charakter dieser Gegend hin.

2012 kennzeichneten die Gemeinden Burgthann und Postbauer-Heng den Fundort mit einem Denkmal. Neben der Straße frisst sich ein künstlich gegrabener Weg in den Wiesenhang hinein und mündet in einen runden Platz, in dessen Mitte ein aus Ringen bestehender, viereinhalb Meter hoher, glänzender Kegel steht. Den Weg und das Rund rahmen rostende Eisenplatten. Texttafeln geben Auskunft. So hat die Gegenwart dem Kultgegenstand einer fernen Vergangenheit seine sakrale Aura wiedergegeben.

3 Wohnen wie bei Asterix
Thalmässing und das Keltendorf

Dieser Meilenstein der fränkischen Geschichte ist schon fast im Erdboden versunken. Thalmässing gilt als einer der ältesten besiedelten Orte Mittelfrankens. Hier hinterließen bereits Bewohner der Steinzeit ihre Spuren. Wie aber lebten sie? Das lässt sich anhand eines rekonstruierten Dorfes nachvollziehen.

Drei Sehenswürdigkeiten liegen östlich von Thalmässing ganz nah beieinander: die Reuther Platte, das Gräberfeld und das Geschichtsdorf Landersdorf. Dort beginnen wir unseren Rundgang. Archäologen buddeln nicht nur in der Erde herum, sie betreiben auch experimentelle Archäologie. Mit dem Keltendorf Landersdorf haben Archäologen drei Häuser nach Fundstücken aus verschiedenen Epochen nachgebaut. Nämlich ein Steinzeithaus nach Funden aus dem 4. Jahrtausend vor Christus, ein Keltenhaus, wie es um 1000 vor Christus gebräuchlich war, und ein Bajuwarenhaus des 6. Jahrhunderts nach Christus.

Der Eintritt ist frei. Dabei gilt: Angucken ja, Anfassen nein. Große Überraschung: Das Steinzeithaus verfügt über einen verwinkelten Eingangsbereich aus geflochtenen Weidenmatten, die als Windfang dienen. Ein kleiner Kuppelofen sorgt für Wärme. Die Wände bestehen aus waagrechten Bohlen zwischen senkrechten Pfosten, deren Ritzen mit Lehm und Dung abgedichtet sind. Dicke Lagen aus Reet decken das Dach ab. Das Vieh teilt sich mit den Menschen in einer eigenen Abteilung den Platz im Haus.

Das Keltenhaus macht schon etwas mehr her. Seine Wände bestehen aus Weidenflechtwerk, das mit Kuhmist, Lehm und Stroh abgedichtet ist. Statt Reet verwendet man nun langstieliges Roggenstroh. Der Ofen ist entsprechend größer. Und der Platz wird besser genutzt: geschlafen wird in einer eigenen Kammer unterm Dach, die man per Leiter erklimmt. Dafür fehlt der praktische Windfang.

Fast schon luxuriös darf man das Bajuwarenhaus nennen. Es ist das größte Gebäude und besticht durch seinen großen Raum, der bis auf eine Kammer neben dem Ofen keine abgetrennten Refugien kennt. Da der Limes nicht weit von hier verlief, galt die Gegend um Thalmässing über Jahrhunderte als Niemandsland. Keiner wollte dort siedeln aus Angst vor Angriffen, entweder von römischer oder von germanischer Seite aus. Erst die Bajuwaren ließen sich dann im 6. Jahrhundert hier nieder.

Neben dem Steinzeithaus ist ein vorgeschichtlicher Nutzgarten angelegt, mit allem, was man damals kannte. Vornehmlich Emmer, Dinkel und Einkorn, aber auch Kräuter und Schlafmohn für die Medizin. Was fehlt: Weizen, Weintrauben, Pfirsich, Sellerie und Endivie. Diese Köstlichkeiten brachten erst die Römer kurz vor der Zeitenwende mit. Roggen und Hafer tauchten erst im frühen Mittelalter auf. Auch ein Vorratskasten auf Stelzen (damit keine Nagetiere hineinklettern) ist zu

Einfachheit und Größe sind zwei Paar Stiefel. Das schlichte weiße Bajuwarenhaus nimmt mehr an Grundfläche ein als ein modernes Tiny House.

bewundern. Zuvor hatte man das Getreide über den Winter noch im Boden vergraben.

Ein paar hundert Meter vom Museumsdorf entfernt liegen rekonstruierte Grabhügel. Die Hügel aus der Hallstattzeit (800 bis 450 v. Chr.) wurden im Lauf der Jahrhunderte völlig eingeebnet. Sechs bis vierzehn Meter im Durchmesser messen diese kreisrunden Erhebungen, in denen die Häuptlinge bestattet wurden. Von dort ist es ein Katzensprung zur Reuther Platte, einem Plateau mit steilen Hängen, perfekter Ort für einen bewehrten Wohnsitz. Heute ist die Platte von Bäumen bestanden. Oben genießt man die schöne Aussicht und denkt sich die soeben bestaunten Häuser dazu. Und die Romantik der Altvorderen? Wenn wir uns heute an der Landschaft erfreuen, sollten wir bedenken, dass die damaligen Wächter dafür kaum ein Auge hatten. Ihre Aufmerksamkeit galt Fremden, Feinden, Händlern oder Jagdwild, das sich bei Dämmerung aus dem Wald herauswagte.

4 Auch die Römer mögen's heiß
Weißenburg und der Limes

Nach den Kelten siedelten im heutigen Mittelfranken auch die Römer. Die schoben Wache entlang des Limes, der sich von Mönchsroth über Gunzenhausen und Weißenburg bis nach Kipfenberg und noch weiter erstreckte. Ein Lager, ein Schatz und der Limes selbst zeugen in und bei Weißenburg vom römischen Imperium.

Schon die alten Römer priesen den Spargel ob seines Wohlgeschmacks, seiner Heilkraft wie auch seiner aphrodisischen Wirkung. Als im Oktober 1979 ein Lehrer in Weißenburg nahe den römischen Thermenruinen das Spargelbeet in seinem Garten erweiterte, stieß er auf metallene Gegenstände, die er zunächst für Blech hielt. Als dann aber immer mehr Schöngeformtes zu Tage kam, ging ihm alsbald auf, worauf er gestoßen war: auf einen einzigartigen Römerschatz!

Da war schon längst bekannt, dass Weißenburg einst ein Standort der Römer gewesen war. Das drei Hektar große Lager Biriciana diente als eine von 76 Befestigungen im Hinterland des Obergermanisch-Raetischen Limes, um germanische Angriffe abzuwehren.

Wie sichert man eine Reichsgrenze, die von Neuwied am Rhein bis Kelheim an der Donau über 550 Kilometer verläuft? Möglichst ökonomisch. Die Römer zogen ab etwa 80 nach Christus eine der Topografie angepasste schnurgerade Schneise (mit einer Abweichung von nur 90 Zentimetern auf 50 Kilometern) und errichteten eine Palisade, erst aus Holz und Lehm, später mit Steinen. Manchmal tat es auch eine übertünchte Palisade mit aufgemalten Steinfugen, um den Germanen aus der Ferne festes Gemäuer vorzugaukeln. Außerdem holzten die Römer davor und dahinter den Wald ab und stellten entlang des Limes rund 900 Wachtürme in Blickweite zueinander auf. Diese fünf bis acht Meter hohen Türme waren nur durch eine Leiter zu erreichen. Bei einem Angriff schlugen die Wächter mit Hornsignalen Alarm oder entsandten einen Boten zum nächsten Reiterkastell.

Ein solches Kastell war Biriciana. Der Limes verlief fünf Kilometer nördlich davon von West nach Ost. Um sich das Leben zu erleichtern, legten die Soldaten eine 65 mal 42 Meter messende Therme an. Die hielt zwar mit den Dampfbädern Roms nicht mit, bot aber mit Warm-, Kalt- und Schwitzbad für ein Militärlager geradezu Luxus. Sklaven hielten die Therme mit Fußbodenheizung rund um die Uhr am Laufen. Etwa ein Hektar Wald pro Jahr wanderte für das Warmbadevergnügen in den Ofen.

Wie kam der Limes und mit ihm Biriciana zu Fall? Durch die innere Schwäche des Römischen Reiches. Die Lager waren unterbemannt, teils sogar mit Kelten besetzt, wie es die bronzene Entlassungsurkunde des Soldaten Mogetissa beweist. Befestigungen und Türme verfielen nach und nach. Um das Jahr 233 war der Limes sturmreif. Statt eines großen Angriffs der Germanen nimmt

Der wuchtige Nachbau der Porta Praetoria ist sogar um einige Meter niedriger als das Original ausgefallen.

man heute zielgerichtete, kurze Raubzüge an, die die Siedler entlang der Grenze demoralisierten. In den Jahrhunderten danach gerieten die Römer in Vergessenheit, die Bauern gruselten sich vor der überwucherten „Teufelsmauer". Erst im 19. Jahrhundert rekonstruierte die Reichs-Limes-Kommission den genauen Verlauf der Grenze.

Hatten Tempelpriester den Weißenburger Schatz mit 120 Einzelstücken vergraben, um die Götterstatuen vor dem Zugriff der Germanen in Sicherheit zu bringen? Nachdem die Archäologen herausgefunden hatten, dass über dem Spargelbeet einst ein antikes Haus stand und der Schatz auch profane Metallgegenstände enthielt, darf man davon ausgehen, dass ein römischer Dieb hier seine Beute versteckt und sein Geheimnis mit ins Grab genommen hatte. Heute lassen sich der Schatz und alles Wissen über die Römer im Römermuseum in Weißenburg bewundern. Dort hat man auch das Eingangstor von Biriciana, die Porta Praetoria, stilecht nachgebaut.

5 Mönche und Nonnen unter einem Dach
Heidenheim und sein Kloster

Ein Kloster für Mönche und Nonnen? Gar auch noch, ohne dass sie ein Gelübde ablegten? Ja, das gab es einmal. Das Kloster Heidenheim am Hahnenkamm war möglicherweise das erste und einzige seiner Art auf dem europäischen Kontinent.

Der Hahnenkamm ist ein Höhenzug und Bestandteil des Nördlinger Rieskraters. Wenn man sich das kreisrunde Ries auf der Landkarte betrachtet und als ein Zifferblatt vorstellt, dann bildet der Hahnenkamm den Kraterrand im Sektor von zwölf bis zwei Uhr. Dass ein Kloster ausgerechnet Heiden in seinem Namen trägt, hat spätere Generationen verwundert. Die Heidenheimer präsentieren sogar einen Heiden in ihrem Wappen. Freilich keinen Germanen, sondern einen Osmanen. Oder, so wie man sich damals einen typischen Osmanen vorstellte, einen verschlagen blickenden Mann mit Bart, Turban und Zipfelmütze. Indes rührt der Ortsname Heidenheim nicht von fränkischen Heiden her, die es zu missionieren galt, sondern vom Ahnherrn und ersten Gründer der Siedlung: Er bedeutet schlichtweg „Heim des Heido".

Vor 1.300 Jahren herrschten dort noch Wildnis und Urwald, die Bauern lebten in Hütten aus Flechtwerk und gestampftem Lehm und hielten sich mehr schlecht als recht über Wasser. In diese Gegend zogen drei Geschwister aus England: Willibald, Wunibald und Walburga oder Walpurgis. Alle drei wollten lieber eine geistliche als weltliche Herrschaft ausüben. Nachdem Willibald bereits in Eichstätt ein Kloster gegründet hatte, tat Wunibald es ihm im damaligen „Heidanheim" nach.

Als Wunibald im Jahr 761 starb, übernahm seine Schwester Walburga die Leitung des Klosters. Es wurde ein Doppelkloster, eines für Männer, eines für Frauen. In England war das damals ganz normal, auf dem europäischen Festland hingegen unbekannt. Womöglich war Heidenheim sogar das einzige Doppelkloster in Mitteleuropa. Noch 1.100 Jahre später sorgte es für Erstaunen. „Als Wunibald entschlafen war, übergab Willibald der Schwester den Hirtenstab für das Mannskloster und – o Wunder! – achtzehn Jahre weidete die Jungfrau die Mönche allverehrt." Mit solch blumiger Poesie flocht der evangelische Pfarrer und Gründer der Diakonie in Neuendettelsau, Wilhelm Löhe, in seinem Martyrologium der Äbtissin Walburga einen Kranz.

Über die Sittenstrenge der Weide liegen keine Angaben vor, über die Art des Zusammenlebens kann man nur spekulieren. Vielleicht ging es ja zwischen den weltentsagenden Brüdern und Schwestern entspannter zu als in den deftigen Klostergeschichten, die Giovanni Boccaccio in seinem „Decamerone" 600 Jahre später zum Besten geben sollte und an denen wir uns heute noch weiden.

Um 790 herum wandelte der Bischof Gerhoh Heidenheim in ein Säkularkloster um. Das bedeutete, dass Mönche und Nonnen kein Gelübde der Armut, der

Prächtig erhebt sich die Fassade der Heidenheimer Klosterkirche.

Keuschheit und des Gehorsams mehr abzulegen hatten. Wie lange die Doppelfunktion bestand, weiß man nicht. Vermutlich wurden die Nonnen nach und nach weggedrängt. Aber zumindest eine Zeit lang scheint das Zusammenleben ganz gut funktioniert zu haben.

Das Münster, wie es heute steht, wurde um 1160 begonnen. Dem romanischen Langhaus mit dem Grabmal für Walburga schließt sich ein wuchtiger gotischer Chor an, der den ursprünglichen romanischen Chor ersetzte. An der Ostseite des Klosters sprudelt, umrahmt von dicken Bäumen, der Heidenbrunnen, dem man wundertätige Kraft zuschreibt. Zumindest Esoteriker und Liebhaber von Kraftplätzen sind davon überzeugt. Jedenfalls hat Wunibald an dieser Stelle die Taufe vollzogen. Davon zeugt das Becken mit der Treppe, auf der die Täuflinge ins kalte Wasser schritten, um komplett unterzutauchen. Im 15. Jahrhundert setzte man noch eine gotische kleine Halle über das Becken, damit kein Laub hineinfällt.

6 Das gescheiterte Kanalprojekt
Der Karlsgraben

Per Schiff vom Rhein in die Donau? Ein alter Traum der Händler und Herrscher. Zu seiner Verwirklichung gab es drei Anläufe. Der erste Versuch unter Karl dem Großen liegt nahe Treuchtlingen bei einem Dorf mit dem sprechenden Namen Graben: die Fossa Carolina oder der Karlsgraben.

An dieser Stelle zwischen Weißenburg und Treuchtlingen liegen die Schwäbische Rezat, die zum Main fließt, und die Altmühl, die in die Donau mündet, nur 1.800 Meter auseinander. Der Höhenunterschied zwischen den Flüssen beträgt etwa fünf Meter. Dies führte schon früh zu dem Gedanken: Dort einen Durchstich anzulegen, das müsste doch zu schaffen sein. Üblich war lange Zeit, dass die Händler vom Main aus die Rezat bis Weißenburg hinauf treidelten, um dann ihre Ware auf Karren umzuladen und auf dem Landweg bis zur Altmühl zu ziehen, wo es wieder aufs Schiff ging. Aber was heißt da Schiff? Man fuhr auf flachen Kähnen von etwa drei Metern Breite.

Auch König Karl, dessen Kaiserkrönung im Jahr 800 noch ein paar Jahre bevorstand, hegte großes Interesse an dem Kanal. Um sich in seinem Reich umzuschauen, zog er von Pfalz zu Pfalz und fuhr lieber auf Flüssen statt auf dem Landweg. Darüber hinaus konnte der Kanal einen symbolischen Wert haben: Er hätte damals das Karolingerreich mit Byzanz verbunden.

Nach ersten Planungen war es im Jahr 793 so weit. Hunderte Arbeiter legten sich ins Zeug. Indes, die zeitgenössischen Quellen vermeldeten die Ungunst des Himmels. Regen durchnässte das Erdreich, und „was die Werkleute tagsüber an Erde aushuben, das fiel des Nachts wieder in sich zusammen“. So vermerken es die Reichsannalen der Kaiserlichen Kanzlei zu Lorsch.

Heute zeugen von diesem Unternehmen ein rund 500 Meter langer Teich beim Weiler Graben sowie massige, zehn Meter hohe und mehrere hundert Meter lange baumbestandene Erdwälle auf beiden Seiten. In der Altmühltalaue hingegen ist nichts zu sehen. Sollten Spuren des Kanals vorhanden gewesen sein, so sind sie im Lauf der Jahrhunderte überformt worden.

Ist das Unternehmen tatsächlich gescheitert? Lang tobte unter Historikern und Archäologen der Streit darüber, ob der Karlsgraben vielleicht doch fertiggestellt worden sei und für kurze Zeit funktioniert habe. Freilich nicht als durchgehende Wasserstraße, sondern als eine Kette langgestreckter Weiher von sechs Metern Breite und einem Meter Tiefe. Die Höhenunterschiede dazwischen hätten die Kähne auf Rollen und Rutschen überwunden. Wie lang dieser Kanal funktioniert haben mag, ist nicht überliefert. Bei mangelnder Instandhaltung wäre die Fossa Carolina schnell wieder verlandet. Zumindest die Planung war vorbildlich. Ein Vergleich mit einer Kanaltrasse, die ein heutiger Ingenieur anlegen würde, ergab eine weitgehende Übereinstimmung der erhaltenen Spuren.

Die Gegner der Vollendungshypothese hatten freilich ein schlagendes Argument

Was wie ein See anmutet, ist in Wahrheit ein gescheitertes Kanalprojekt. In der Bildtiefe verschwindet der Kanal zwischen den Bäumen und dünnt zum Rinnsal aus.

auf ihrer Seite: Wäre der Karlsgraben vollendet worden, so hätte Karl ihn mit allem Pomp und geladenen Gästen befahren. Ein solches Ereignis wäre für alle Zeiten festgehalten worden, so wie ein königlicher Besuch der Baustelle im Sommer 793 dokumentiert wurde.

Erst im Jahr 2015 kam bei Ausgrabungen die Wahrheit zutage. Die Fällung der Bäume für nahe der Rezat ausgegrabene Eichenbohlen datierte man mittels Dendrochronologie auf das Jahr 793. Spätere Reparaturspuren waren nicht zu finden. Die Arbeiten dürften im Frühling 793 begonnen haben und im Herbst, spätestens zu Weihnachten desselben Jahres zum Erliegen gekommen sein. Somit war der Kanal zwar auf eine gute Strecke gediehen, blieb aber eine Bauruine.

7 Eine romantische Wasserstraße
Der Ludwig-Donau-Main-Kanal

Von der Donau zum Rhein, zweiter Versuch: Kaum war 1825 König Ludwig I. von Bayern auf den Thron gelangt, wollte er es Karl dem Großen gleichtun. Sein Kanal war aber weit länger und ehrgeiziger. Und der Plan hatte Erfolg.

Auch dieser Kanal war aber bald nurmehr Stückwerk, freilich ein überaus romantisches. Bei seinem Bau galt er als das Nonplusultra der Wasserbautechnik. Seine Ausmaße beeindrucken heute noch. Von der Altmühlmündung in die Donau bei Kelheim über Neumarkt und Nürnberg bis zur Regnitz in Bamberg führte der Alte Kanal über gut 173 Kilometer. Hundert Schleusen und zehn Kanalbrücken passierten die Schiffchen, 69 Häuschen für die Schleusenwärter und 40.000 Obstbäume säumten seine Dämme. Nur zehn Jahre dauerte es vom ersten Spatenstich 1836 bis zur Einweihung 1846. Wobei die reinen Erdarbeiten nur drei Jahre in Anspruch nahmen.

Bis zu 9.000 Arbeiter, verteilt auf mehrere Etappen und unterstützt von einem dampfbetriebenen Schaufelbagger, hoben aus, brachen Steine und mauerten Schleusen und Brücken. Einfache Arbeiter erhielten 30 Kreuzer täglich. Das reichte für ein Kilo Fleisch oder sieben Maß Bier. Damit sie diese nicht gleich an Ort und Stelle vertranken, waren die Arbeiter (großenteils Almosenempfänger und Wanderarbeiter) angehalten, gleich nach Feierabend ihr Quartier zu beziehen und sich unter der Woche nicht im Wirtshaus blicken zu lassen.

Mehr Zeit nahmen die Schleusen und Kanalbrücken in Anspruch. Nicht nur Straßenbrücken über den Kanal, sondern auch Wasserbrücken, die den Kanal über Schluchten wie etwa die Schwarzachklamm führten. Am Ende belief sich der Aufwand auf 15,5 Millionen Gulden, etwas mehr als das Doppelte der ursprünglich geschätzten Kosten.

Etwa fünf Tage dauerte eine Fahrt mit dem Lastkahn voll Holz, Kohle, Steine oder Getreide. Ein bis drei Pferde zogen den Kahn auf dem Treidelpfad. Das machte gut drei Kilometer pro Stunde. Eine Schleuse zu passieren dauerte 10 bis 15 Minuten. Für heutige Verhältnisse ist der Alte Kanal freilich ein Witz: gerade mal 16 Meter breit und 1,5 Meter tief. Schon damit hatten sich die Kanalbauer verkalkuliert. Die Lastkähne auf Main und Donau waren für die Wasserstraße zu breit, die Kanalkähne mit ihrem Tiefgang wiederum ungeeignet für den flachen Main. Es musste umgeladen werden.

Auch sonst erwies sich der Ludwigskanal als Pyrrhussieg. 1850 erreichte seine Kapazität mit 196.000 Tonnen Gütern ihren Gipfel. Danach fuhr die Eisenbahn den Schiffen davon. Ein Jahr vor dem ersten Spatenstich, 1835, war schon der erste Dampfzug zwischen Nürnberg und Fürth gerollt. Rasant wuchs das Schienennetz, die Güterzüge nahmen Fahrt auf, und ab 1863 schrieb der Kanal nur noch rote Zahlen.

Ein idyllisches Zusammenspiel aus Architektur, langsamem Verfall und zurückkehrender Natur macht den Charme des Alten Kanals aus.

Im 20. Jahrhundert begann für die Wasserstraße eine zweite Karriere. Auf den „Schlagrahmdampfern“ schipperten ab den 1920er-Jahren am Wochenende ganze Familien bei Kaffee und Kuchen durch die Lande und kehrten in den Gasthäusern ein. Dieser Idylle setzten die Nazis 1939 ein Ende. Zu viel Geld für nutzloses Vergnügen. Im Zweiten Weltkrieg durch Fliegerbomben beschädigt und teilweise ausgelaufen, wurde der Alte Kanal 1950 stillgelegt und in den 1960er-Jahren von Autobahnen und Straßen zum Teil überbaut, die Schleusen wurden verfüllt oder als Müllkippe benutzt. Heute sind die verbliebenen Teilstücke des Alten Kanals (65 Kilometer sind es noch) Ausflugsziel für Fußgänger, Radler, Ruderer und Nostalgiker.

Ironie der Geschichte: Am Erlanger Burgberg erinnert ein Denkmal, auf dem sich die Allegorien von Donau und Main die Hände reichen, an die Fertigstellung des Alten Kanals. Nur ein paar Meter dahinter saust die Konkurrenz, die Eisenbahn, durch einen Tunnel. Und der Ludwig-Donau-Main-Kanal selbst? Ist an dieser Stelle zugeschüttet und zur Autostraße Frankenschnellweg asphaltiert.

8 Planschen im trockenen Franken
Europakanal und Fränkisches Seenland

Beim dritten Anlauf entstand eine Großschifffahrtsstraße zwischen Rhein und Donau. Nach jahrelangen Planungen nahm man 1960 den Rhein-Main-Donau-Kanal (oder Europakanal) in Angriff. Und in seinem Gefolge das Fränkische Seenland.

Sechs verschiedene Trassen standen zur Diskussion, am Ende fiel die Wahl auf die Führung von Bamberg über Nürnberg, Hilpoltstein und Beilngries ins Altmühltal bis Kelheim. Beinahe wäre das Projekt Anfang der 80er-Jahre gestoppt worden, weil das prognostizierte Frachtaufkommen unter den Erwartungen lag und der Widerstand der Naturschützer wuchs. 1992 war der Europakanal vollendet.

Aber zu einem hohen Preis. Beim Nürnberger Stadtteil Katzwang brach im März 1979 der Damm auf einer Länge von zehn Metern, die Flut zerstörte 14 Häuser und beschädigte weitere 120. Ein zwölfjähriges Mädchen versank vor den Augen der Retter im schlammigen Wasser. Eine unterspülte Trinkwasserleitung unter dem Damm hatte die Katastrophe ausgelöst. Einen hohen Preis zahlten auch die Anwohner des unteren Altmühltals in Oberbayern. Dort wurde die harmonische Natur zu einem Terrain umgestaltet, für das Kritiker den Begriff „Ersatzlandschaft“ prägten.

Hat es sich gelohnt? Der Frachtverkehr blieb weit hinter den Erwartungen zurück. Kurioserweise wiederholt sich nun das Schicksal des Ludwigskanals, freilich um ein paar Nummern größer. Auf Luxus-Ausflugsdampfern bewundern die Passagiere die Landschaft zwischen Bamberg und Kelheim und finden es urgemütlich.

In Mittelfranken war der Eingriff in die Landschaft weniger augenfällig als im Altmühltal. Der Kanal ist eine schnurgerade Wasserrinne. Und hin und wieder gibt es einen Überraschungseffekt für Autofahrer, wenn sie sich einer Unterführung nähern und auf einmal ein Frachtschiff ihren Weg kreuzt. Denn die Unterführung ist eine Kanalbrücke.

Der Kanal hat einen gemeinsamen Zweck mit dem Fränkischen Seenland, das von 1975 bis 1999 zwischen Gunzenhausen und Allersberg angelegt wurde. Um die Hochwasser der oberen Altmühl in den Griff zu bekommen und da Franken ein regenarmes Land ist, hatte man früh den Bau von Stauseen anvisiert. Über den Kanal gelangt hochgepumptes Donauwasser in den künstlichen Rothsee, während Altmühlwasser statt zur Donau auch in weitere Stauseen geleitet wird. Aus ihnen fließt es in den Nürnberger Raum und zum Main.

Neben dem Rothsee haben der Große und der Kleine Brombachsee, der Igelsbachsee sowie der Altmühlsee die Gegend in ein Wassersportparadies und zum Teil auch in ein Naturschutzgebiet verwandelt. Dafür musste ein Dutzend Mühlen weichen. Der Widerstand gegen das Vorhaben war marginal, meist feilschten die Eigentümer nur um die Höhe der

Man könnte meinen, diese Seenlandschaft läge schon seit Jahrhunderten so da. Tatsächlich ist der See künstlich angelegt.

Abfindung. Der Tourismus lebte auf, die Urlauber strömten in Scharen. Bis die Blaualgen kamen und die Gäste sich nicht mehr ins Wasser trauten. Blaualgen (in Wahrheit Bakterien) verursachen Hautreizungen und Durchfall. Weil die Konzentration der Bakterien je nach Wind und Wetter wechselt, warnen in der Saison jede Woche Schilder vor dem Baden oder erlauben das Vergnügen. Weshalb die Gemeinden vom Freizeit- zum Kulturtourismus umschwenken.

Der Europakanal und das Fränkische Seenland beweisen, dass der Begriff „Anthropozän" (also das Zeitalter, in dem der Mensch in wenigen Jahren vollbringt, wofür die Natur Jahrmillionen braucht) seine Berechtigung hat. Und wer weiß? Wenn die Erderwärmung mehr Hitze und Trockenheit bringt, könnten die Mittelfranken noch dankbar sein für das Stausee- und Kanalwasser. Und sollte Erdöl unbezahlbar werden, könnten wie vor 170 Jahren womöglich wieder Pferde kleine Lastkähne am Ufer des Europakanals entlang schleppen. Noch ist es zu früh, um über den Europakanal und das Seenland ein abschließendes Urteil zu fällen.

9 Frankens christliche Schlafkammer
Heilsbronn und sein Kloster

„Ihr werdet mit Freuden Wasser schöpfen aus dem Heilsbrunnen." So steht es auf einer Glocke im Dachreiter des Münsters von Heilsbronn. Ein Spruch, der in höherem Sinn zutrifft, nicht aber im wörtlichen Sinn. Oder vielleicht doch?

Es gibt nicht viele Kirchen, in denen eine Quelle sprudelt. Das Kloster Maulbronn in Württemberg kennt jeder, der Hermann Hesse gelesen hat. Die Brunnenschale dort ziert jedes zweite Hesse-Buch. Das Zisterzienserkloster Heilsbronn in dem gleichnamigen Städtchen, 1132 gegründet und genau im Zentrum Mittelfrankens gelegen, steht Maulbronn nur wenig nach. Auch wenn es seinen Kreuzgang und einige Gebäude eingebüßt hat, verbreiten das Münster und das Refektorium, vor allem aber die Grablege immer noch eine starke Aura.

Wer die romanisch-gotische Kirche betritt, sieht sich einigen zerklüfteten Gestalten gegenüber. Es sind dies mit der Kettensäge gearbeitete Holzskulpturen und Ölgemälde zeitgenössischer Künstler, die die Kirche als Galerie nutzen, denn die Gemeinde zeigt sich der modernen Kunst gegenüber sehr aufgeschlossen. Doch was ist mit dem Jesus am Kreuz? Dem hängen ja die Haarzotteln wie eine Perücke herab. Ja, das ist echtes Haar mit echter Dornenkrone! Ist das auch moderne Kunst? Nein, dieser Christus stammt von einem unbekannten Holzschnitzer der Schule von Veit Stoß aus dem Jahr 1468. Der gekreuzigte Heiland ist eines der extrem seltenen Kruzifixe mit einer Echthaarperücke. Die Idee dahinter ist ein auf die Spitze getriebener Realismus, wie er an der Wende von der Spätgotik zur Renaissance anzutreffen ist.

Eine Zutat des 20. Jahrhunderts findet sich an der Kanzel. Wer das Antependium lüpft, entdeckt einen Johannisadler, der mit seinen Schwingen und dem martialischen Profil verdächtig dem Reichsadler ähnelt. Noch 1946, als das „Dritte Reich" längst in Trümmern lag, baute man die Kanzel ein.

In der Verlängerung des Kirchenschiffs befindet sich unter den drei Hochgräbern die Gruft der fränkischen Hohenzollern und weiterer Adeliger, insgesamt 500 Gräber von den Anfängen bis 1625. Marodierende Söldner aus General Tillys Heer störten 1631 ihre Ruhe, erbrachen die Sarkophage und beraubten die Toten ihres Schmuckes. Aber auch so wirkt hier die Aura der Geschichte. Zu Füßen des Grabmonuments der Kurfürstin Anna führen zwei Treppen hinab in ein dunkles Gelass. Dort tröpfelt eine Quelle. Wer mag, steigt hinunter, betupft sich mit Wasser und steigt auf der anderen Seite wieder empor.

Nachdem das seit der Reformation verfallende Kloster 1578 aufgegeben worden war, erhielt es ab 1730 wieder Zulauf. Vom Namen Heilsbronn angelockt, erhofften sich die Kranken Linderung ihrer Leiden. Der Münsterprediger Johann Hock baute um zwei Quellen im Klosterhof ein

In dieser mit Wappen reich verzierten Tumba ruht Markgraf Georg Friedrich der Ältere.

Häuschen „zum Schutz vor Verderben und Verunehrung durch böse Buben“. Der Gesundbrunnen funktionierte für einige Jahrzehnte auch ganz gut. Dann untersuchten Chemiker das Wasser genauer. Und stellten fest, dass es sich um normales Quellwasser ohne besondere Mineralien handelte. Aus war es mit dem Traum vom Heilbad!

Im 8. Jahrhundert hatte ein Grundherr namens Hahold sich im Wald verirrt. Eine Quelle rettete ihn vor dem Verschmachten, die hieß fortan Haholds Bronn. Im Lauf der Zeit wurde daraus Heilsbronn, ein Name, den die Mönche nur zu gern benutzten, ging es doch um das Heil der Seele.

Und doch ... Wenn der Ruf der heilenden Quelle sich über Jahrzehnte gehalten hat, muss doch etwas daran sein? Natürlich: der Placebo-Effekt. „Dies Elixier lässt dich gesunden“, verheißt der Doktor mit Rauschebart und gütigem Blick. Und der Glaube, der Berge versetzt, aktiviert auf psychosomatischem Weg die Selbstheilungskraft.

10 Auf der Suche nach dem Gral
Wolframs-Eschenbach und Parzival

Was haben schwertschwingende Rittersleut', der Heilige Gral, die Suche nach dem Sinn des Lebens und der Räuber Hotzenplotz miteinander gemeinsam? Ein kleines Städtchen, in dem die Zeit stehen geblieben ist.

Wenn ein Ritter auf „Aventiure" auszieht, wird das oft eine Reise ohne Wiederkehr. Wohin es geht? Das weiß der Rittersmann selbst nicht so genau. Ein Abenteuer hält Begegnungen gefährlicher oder kurioser Art für ihn bereit, Bewährungsproben seiner Tapferkeit oder Galanterien mit züchtigen und nicht ganz so züchtigen Damen. Manchmal wird mehr aus der Aventiure, nämlich eine Queste, eine Suche. Objekt der Sehnsucht ist der Heilige Gral.

Am Anfang der Überlieferung offenbarte sich der Gral als der Stein der Weisen, aber auch als eine Art von Tischlein-deck-dich. Später galt der Gral als der Kelch, aus dem Jesus beim Abendmahl getrunken haben soll. In ebendiesen Kelch sollen bei der Kreuzigung laut Legende Jesu Blutstropfen geflossen sein. Damit ist der Gral das christliche Heiligtum schlechthin. Dumm nur, dass keiner weiß, wo er steckt.

Am Gralsmythos haben viele Autoren gestrickt. Der Bekannteste von ihnen (neben Chrétien de Troyes und Richard Wagner) ist Wolfram von Eschenbach mit seinem Epos „Parzival". Dieser Name bedeutet „genau mitten durch", doch Parzivals Lebenslauf ist alles andere als geradlinig: die Geschichte eines törichten Jünglings, der auf Abenteuer auszieht, harte Erfahrungen macht, an Gott zweifelt, sich schließlich auf seine Stärken besinnt und zuletzt die Gralsritter anführt. Mit anderen Worten: Es geht um die Suche nach der inneren Mitte.

Über den dichtenden Ritter Wolfram von Eschenbach weiß man herzlich wenig. Er wurde um 1170 geboren und starb um 1220. Offenbar war er des Französischen mächtig und zog als Minnesänger von Hof zu Hof. Und doch legte er mehr Wert auf sein Selbstverständnis als Ritter denn als Minnesänger.

Wo liegt seine Heimat? Da bieten sich mehrere Eschenbachs an. Gelehrte und Heimatforscher durchwühlten sein Werk auf der Suche nach Hinweisen. Am Ende setzte sich der Wolfram-Forscher Johann Baptist Kurz durch. Seine These war am schlüssigsten. Er begründete sie mit einigen Ortsnamen im Umkreis des mittelfränkischen Eschenbach bei Windsbach. So wurde denn das Städtchen in Wolframs-Eschenbach umgetauft. Nicht von ungefähr 1917, mitten im Ersten Weltkrieg, nachdem Bayerns König Maximilian II. bereits 1861 in vorauseilender Würdigung den Eschenbachern ein Wolframsdenkmal aus Bronze spendiert hatte.

Das Städtchen gedenkt seines Dichters mit einem Museum, in dem man einiges über die Kultur des Mittelalters und über die Mühsal, Bücher zu schreiben, erfährt. Allein für das Pergament seines „Parzival" benötigte Wolfram das Fell von 24 Käl-

Mit Schwert und Harfe steht Wolfram von Eschenbach auf dem Brunnen. Ein glühender „Parzival"-Leser hat ihm sein Halstuch überlassen.

bern oder von 36 Lämmern. Und viel Tinte brauchte er für seine 25.000 Verse. Die Vervielfältigung übernahmen dann Mönche und Nonnen. Sofern sich der Abt dazu herabließ, seine Skriptoren mit dem Kopieren profaner Dichtung statt der Bibel zu beschäftigen. Immerhin sind 15 vollständige Abschriften erhalten.

An Wolframs-Eschenbach ist die Zeit vorbeigegangen. Nach wie vor umgibt eine Ringmauer das Städtchen, hat sich die alte Bausubstanz erhalten. Dermaßen malerisch und filmreif, dass man in den frühen 70er-Jahren „Der Räuber Hotzenplotz" mit Gert Fröbe dort drehte.

Und noch ein Geheimnis umgibt Wolframs-Eschenbach. Im Liebfrauenmünster soll der Dichter begraben sein. Doch wo genau? Vielleicht im Chor? Während der barocken Umgestaltung ging die Grabplatte verloren. Lediglich eine Zeichnung davon hat sich erhalten.

11 Auf der Jagd nach flüssigem Gold
Der Reichswald und die Zeidler

Im Osten von Nürnberg liegt der Reichswald. Der war einst viel mehr als Jagdrevier, Holzlieferant und Schweineweide. Er war „des Heiligen Römischen Reiches Biengarten". In ihm gewannen die Zeidler einen der begehrtesten Nahrungs- und Rohstoffe des Mittelalters: den Honig.

Was unterscheidet den Zeidler vom Imker? Während der Imker Bienenstöcke zimmert, auf ein festes Grundstück stellt und Völker züchtet, streift der Zeidler mit Axt und Kletterseil durchs Gehölz, bis er es summen und brummen hört. Hat er einen wilden Schwarm gefunden, sucht er sich einen passenden Baum in der Nähe aus. Der sollte alt und massig, aber stabil sein. Beeren und Waldteiche in der Nähe wären auch günstig. Sodann klettert der Zeidler den Baum fünf oder sechs Meter hoch. Dort hackt er auf der Süd- oder Ostseite eine Höhle in den Stamm und verschließt sie mit einem Brett, wobei er aber ein Ein- und Ausflugloch übrig lässt. Nehmen die Bienen die Höhle an, markiert der Zeidler den Baum mit seiner Signatur. Von nun an ist dies „sein" Baum und „sein" Volk.

Dann sägt er die unteren Äste ab, damit kein Iltis oder Bär auf Naschtour geht. Bei Bedarf hackt der Waldhonigbauer noch mehr Löcher in den Baumstamm. Zweimal im Jahr öffnet der Zeidler die Luke und erntet den Honig. Entwischt ihm der Bienenschwarm, muss der Zeidler ihn verfolgen und den neuen Standort sofort als seinigen kennzeichnen. Sonst gehört der Schwarm dem, der ihn findet.

Was sich heute wie ein Hobby anhört, war im Mittelalter ein geachteter Beruf. Honig war der mit Abstand intensivste Süßstoff und für die Nürnberger Lebkuchen unverzichtbar. Der Rohrzucker harrte in Amerika noch ein paar Jahrhunderte seiner Entdeckung. Dazu lieferten die Zeidler Bienenwachs für Ärzte und Kräuterweiblein, aber vor allem für die Kerzenzieher. Im Gegensatz zu Fackeln, Talgkerzen und Kienspänen stanken Bienenwachskerzen nicht und brannten länger. Weshalb diese bevorzugt auf Altären und in reichen Häusern Licht spendeten. Gegen teures Geld natürlich.

Darum genoss die Gilde der Zeidler Rechte und Privilegien wie kaum eine andere. So war es dem Zeidler gestattet, Waffen zu tragen, weshalb er in seiner grünen Jacke (Wald) und gelben Hose (Honig) mit einer Armbrust dargestellt wird. Das Waffenprivileg war eine Bedingung für sein Geschäft, denn im Mittelalter tummelten sich noch Bären, Wölfe und Räuber im Reichswald. Umgekehrt verpflichtete der Waffengebrauch den Zeidler zum Kriegsdienst. Und wenn der Kaiser Nürnberg seinen Besuch abstattete, gaben die Honigbauern ihm das Ehrengeleit. Der Kaiser war nämlich nicht nur Herr über seine Untertanen, sondern seit Karl dem Großen auch über sämtliche Bienenvölker. Die Zeidler waren lediglich deren Nutznießer. Auch verfügten die Zeidler über eine eigene Gerichtsbarkeit. Honigraub und die Beschädigung eines Bienenbaums

Das Zeidelmännchen in seiner typischen Kluft mit Armbrust ziert im Wappen das Rathaus von Feucht.

galten als Verbrechen und wurden streng geahndet.

Noch heute künden Straßen- und Flurnamen rund um Nürnberg, vor allem in Feucht, wo auch das Zeidlerschloss samt Museum liegt und wo von 1296 bis 1796 das Zeidelgericht tagte, von der Tradition der Waldhonigbauern.

Ab der Mitte des 17. Jahrhunderts, mit dem Import des Rohrzuckers, vollzog sich unaufhaltsam der Niedergang der Zeidlerei. Immer mehr Nadelbäume drängten den Mischwald zurück, was geringere Honigernten zur Folge hatte. Dazu bereiteten die Imker ihnen Konkurrenz, hauptsächlich in der Produktion von Kerzenwachs. Des Rohrzuckers Qualität und Preis verbesserten sich im 19. Jahrhundert derart, dass die Zeidler auf Imkerei umsattelten. Heute erlebt die Zeidlerei in umweltbewussten Kreisen einen Aufschwung, da sie den Bienen mit dem Baum eine natürlichere Behausung als im Bienenstock anbietet.

12 Das beruhigt die Nerven!
Spalt und der Hopfen

Zur Entspannung dienen allerlei Mittelchen, erlaubte wie unerlaubte. Cannabis wird inzwischen salonfähig. Oder wir trinken ein Bier. Da ist nämlich Hopfen drin. Und Hopfen zählt zu den Hanfpflanzen. Das heißt, die Deutschen dröhnen sich bereits seit Jahrhunderten zu. Eines der Anbaugebiete des Hopfens ist das Land rund um Spalt.

Die älteste Quelle zum Hopfenanbau verweist auf den Bischof von Freising, der anno 786 in Weihenstephan einen Hopfengarten unterhielt. Von dort breitete sich die Pflanze in weitere Klostergärten aus. Vor allem als Arznei. Der Klostermedikus verschrieb Hopfen gegen Fieber, Gelbsucht, Flechten und Spulwürmer. Und natürlich zur Beruhigung. Daneben war Hopfen, seit Hildegard von Bingen seine konservierenden Eigenschaften festgestellt hatte, beim Bierbrauen unentbehrlich. Bier galt als Grundnahrungsmittel und war als flüssige Speise von den Fastengeboten ausgenommen. Mit einer täglichen Maß Starkbier ist noch kein Mönch in der Fastenzeit verhungert.

Wobei Bier vor 1516 aus vielerlei Ingredienzen bestand: nicht nur Gerste, auch Hafer, Weizen oder Roggen dienten als Basis, hinzu kamen Beigaben wie Fliegenpilz oder andere berauschende Mittel. Das Reinheitsgebot von 1516, das nur Wasser, Gerste und Hopfen zuließ, diente nicht der Reinheit des Bieres, sondern sollte lediglich gewährleisten, dass noch genug Weizen und Roggen für das tägliche Brot übrigblieb.

Zuerst galt Norddeutschland als Hopfenanbaugebiet. Dem machte der Dreißigjährige Krieg ein Ende. Von den Verwüstungen erholte sich der Hopfen im Norden nicht mehr, umso stärker blühte er in Süddeutschland auf. Als größtes Hopfenanbaugebiet der Welt gilt die Hallertau in Bayern, gleich dahinter rangieren heute in Deutschland Spalt und Hersbruck. Nürnberg, nicht München galt im 19. Jahrhundert als Bayerns Metropole der Bierbrauer. Auf dem dortigen Hopfenmarkt tummelten sich in den 1880er-Jahren 364 Handelshäuser. Der Hopfen wurde in Säcken verkauft, die mit Plombe und Siegel ausgestattet waren. Das waren Gütezeichen. Das weltweit erste Hopfensiegel als Gütesiegel hatte die Stadt Spalt bereits 1538 eingeführt.

In Spalt gedeiht der Hopfen aufgrund der Topografie. Früher war das Städtchen umzingelt von Hopfengärten. Damals rankte der Hopfen sich noch an senkrecht aufgestellten Pfosten hoch. Erst im 20. Jahrhundert kam man auf die Idee, Drähte zwischen den Pfosten zu spannen und an diesen Kletterdrähte zu befestigen. Als Kletterpflanze wächst Hopfen bei günstigen Bedingungen bis zu 35 Zentimeter pro Tag!

Bis zu sieben Meter ringelt sich der Hopfen in die Höhe. Freilich bedarf er sorgsamer Pflege und Überwachung. Erst muss man den Acker pflügen und eggen. Sodann die Augen offenhalten, ob sich nicht die Hopfenblattlaus, der Erdfloh oder die Rote Spinne (eine Spinnmilbe)

Das Mühlreisighaus bei Spalt ist in seiner charakteristischen Bauform einer von mehreren historischen Hopfenspeichern der Stadt.

breitmacht. Ganz zu schweigen von Peronospora, einem Schimmelpilz, der 1926 Deutschlands gesamten Hopfenreichtum fast vernichtet hätte. Ist der Hopfen geerntet, wird er in Darren oder auf Dachböden getrocknet. Spalt wird noch heute durch Häuser mit enormen, bis zu fünf Stockwerke hohen Dachböden geprägt.

Bevor Mitte der 50er-Jahre die Maschinen Einzug hielten, kamen zur Ernte im August Helfer von nah und fern. Denn bei der Ernte von Hand musste man genau aufpassen, was wegkonnte und was nicht. Das 2.000 Einwohner zählende Spalt wuchs dann bis zur doppelten Größe an. War die Ernte eingebracht und stand die Feier an, kam es zu bacchantischen (oder eher: gambrinischen) Begleiterscheinungen. Noch heute ist der Spalter Hopfen weltweit gefragt. Man findet ihn in Bieren in Amerika, England, Belgien und sogar in Japan.

13 Fisch ist nicht Fleisch
Die Karpfenweiher im Aischgrund

Der erste Karpfen im Leben begegnet den meisten von uns nicht auf dem Mittagstisch, sondern im Kinderbuch. „Der kleine Wassermann" von Otfried Preußler hat einen Karpfen namens Cyprinus zum besten Freund. Cyprinus klingt wie ein vergessener Heiliger. Dabei ist der Name bloß das lateinische Wort für Karpfen.

Es waren die Römer, die den Karpfen von Kleinasien nach Italien und in ihre eroberten Länder mitbrachten. Als die Römer abgezogen waren, blieb der Karpfen. Er bevorzugt warme, stille Gewässer. Seitenarme von Flüssen und seichte Stellen liebt er besonders. Deshalb ist er der ideale Teichbewohner. Für seine Verbreitung sorgten die Mönche und Nonnen des Mittelalters. An rund 130 Fastentagen im Jahr durfte kein Fleisch auf den Tisch. Nun galt Fisch nicht als Fleisch, ebenso alles andere Wassergetier wie Muscheln und Krebse. Also legten die Mönche Weiher rund um ihre Klöster an und siedelten neben Hechten, Orfen und Krebsen auch Karpfen an.

Die Karpfen waren wegen einer besonderen Eigenheit beliebt. Ein Fastengebot besagt, dass keine Speise auf dem Teller dessen Rand überragen darf. Was tun? Größere Teller formen? Doch halt, manche Karpfen weisen einen Buckel auf. Und der füllt den Teller optimal. Also verlegten sich die Mönche erst recht auf den sogenannten Tellerkarpfen.

Der Aischgrund zieht sich entlang der Aisch von Bad Windsheim über Neustadt an der Aisch bis nach Höchstadt hin. Dort bauten die Klöster Münchsteinach, Münchaurach und Birkenfeld den Talgrund binnen eines Jahrtausends zu einer Kulturlandschaft aus, die ihresgleichen sucht. Noch heute gilt der Aischgrund mit mehr als 7.000 Weihern als Deutschlands größte Teichlandschaft. Links und rechts der Aisch liegen die Karpfenweiher einzeln für sich oder als Weiherhaufen dicht an dicht, wie ein riesiger See, der von ein bis zwei Meter breiten Deichwegen durchzogen wird. Oder als Teichkette wie eine Treppe auf sanftem Gefälle, wobei das Wasser wie bei einer Kaskade vom obersten Weiher zum untersten durchläuft.

Solch ein Teich ist allenfalls einen Meter tief. Dadurch wärmt sich das Wasser im Sommer umso schneller. Zulaufendes Wasser sorgt für Sauerstoff. Anders die „Himmelsweiher", die ihr Frischwasser allein vom Regen beziehen. Die Teiche zum Überwintern sind freilich etwas tiefer, damit der See nicht bis zum Grund zufriert. Ihr Betreten im Winter ist streng verboten. Nicht wegen der Einbruchgefahr, sondern weil die Fische im Winterschlaf gestört würden.

Nach drei Sommern und zwei Wintern hat der Karpfen das optimale Gewicht von zweieinhalb bis drei Pfund erreicht. Dann wird er eingefangen und verbringt seine letzten Tage in einem Aquarium mit klarem Wasser. Denn das Gründeln und die Vorliebe für Blaualgen ergeben einen moosigen Geschmack, der nicht jedem

Ein Karpfenteich ist zwar seicht, hat dafür aber eine große Ausdehnung und zieht Enten, Reiher sowie Schwäne an, wie dieser Teich beim Flecken Gottesgab.

behagt. Erst wenn die Kiemen sauber sind, landet der Fisch der Länge nach aufgeschnitten als halbe Portion auf dem Teller.

Die Weiherlandschaft bietet auch Lebensraum für Wasservögel aller Art, von Enten über Störche und Reiher bis zu Kormoranen und Eisvögeln. Insekten und Libellen schwirren herum, Biber und Bisamratte fühlen sich wohl. Derart, dass sie zum Leidwesen der Teichwirte durch ihre Wühlarbeit Weiher auslaufen lassen.

Verspeist wird der Karpfen in den Monaten mit einem R, also von September bis April. Danach herrscht Schonzeit. Wobei der Startschuss für die ganz Ungeduldigen bereits Mitte August fällt. Da ist in manchen Dörfern Kirchweih. Weil 1949 unter der amerikanischen Militärbesatzung Fleisch noch limitiert war, bemächtigten sich die Wirte bei der ersten Kirchweih nach dem Krieg kurzerhand der Karpfen. Eine Tradition, die in einigen Dörfern noch heute beibehalten wird.

14 Böhmens Vorposten
Lauf und das Wenzelschloss

Nürnberg hat seine Burg auf dem Felsen, Lauf hat seine Wasserburg in der Pegnitz. Diese Burg steht der Kaiserburg kaum nach. Sie ist gewissermaßen ebenfalls eine Kaiserburg. Nämlich ein Machtsymbol Karls IV., der sich Franken und die Oberpfalz aneignen wollte.

Lauf an der Pegnitz, gut zwanzig Kilometer östlich von Nürnberg, hatte sich früh die Kraft der Pegnitz nutzbar gemacht. Wasserräder trieben Mühlen und Hammerwerke an. Der Flecken mit vorindustrieller Technik benötigte militärischen Schutz. Eine erste Burg auf der Insel in der Pegnitz fiel bereits 1301 im Krieg zwischen König Albrecht I. und Herzog Rudolf I. von Bayern in Trümmer.

Im Jahr 1346 bestieg der böhmische Herrscher Wenzel (1316–1378), der sich Karl IV. nannte, den römisch-deutschen Königsthron. Ludwig der Bayer und das Haus Wittelsbach leisteten erheblichen Widerstand. Zwar ließ sich Karl im Bonner Münster von drei Erzbischöfen krönen, doch galt Frankfurt als der einzig wahre Ort für eine solche Zeremonie. Genau dort wählten Karls Gegner Günther von Schwarzburg zum Gegenkönig.

Das roch nach Krieg, doch Karl verhandelte geschickt. Günther wurde von seinen Männern verlassen. Ebenso von seiner Gesundheit. An der Pest erkrankt, verzichtete der Gegenkandidat auf jeden Anspruch und starb bald darauf. Nach dieser Erfahrung erließ Karl die Goldene Bulle, die das Wahlrecht für die Nachfolge der Könige und Kaiser regelte. Womit den sieben Kurfürsten großer Einfluss zukam.

Karl hatte seinen Stammsitz in Prag. Von dort führte die Goldene Straße nach Nürnberg und Frankfurt, beides wirtschaftlich wie politisch hochbedeutende Städte, die er unter den Einfluss seiner Hausmacht Böhmen bringen wollte. Nun gibt es zwei Möglichkeiten, ein Territorium zu vergrößern. Durch Krieg. Oder durch Heirat. Nicht selten auch durch mehrere Ehen, schließlich macht der Tod im Kindsbett auch vor gekrönten Häuptern nicht Halt. Karl heiratete viermal. Die ersten drei Frauen starben früh und hinterließen ihm fünf Mädchen und den Thronfolger Wenzel. Seine 30 Jahre jüngere vierte Gemahlin Elisabeth von Pommern dann, eine Walküre, die Messer und Hufeisen biegen konnte, gebar allein sechs Kinder.

Dabei trachtete Karl danach, möglichst viel Grund und Boden in der Oberpfalz und in Franken zu erwerben. Ihm schwebte ein (später von Historikern so genanntes) „Neuböhmen" vor, durch das er in eigener Hoheit reisen konnte. Und um die Goldene Straße zu schützen und seine Macht zu unterstreichen, ließ Karl Burgen bauen. So auch in Lauf.

Über den Trümmern der Ruine ließ Karl von 1356 bis 1360 das Wenzelschloss errichten, das sich bis heute nur wenig verändert hat. Die Bezeichnung Schloss führt in die Irre, handelt es sich bei der Anlage doch eher um eine Burg mit bis zu dreieinhalb Meter dicken Mauern. Was

Laufs Wenzelschloss ist zwar kleiner als Nürnbergs Kaiserburg, steht ihr aber kaum nach.

die Wenzelburg heraushebt, ist ihr Lustsaal. Ein prächtiger Repräsentationsraum, ausgeschmückt mit 117 Wappenschilden, die die Steinmetze aus den Mauern meißelten und farbig bemalten. Dazu hält der heilige Wenzel, Böhmens Schutzpatron, Wache über dem Tor. Nicht zufällig sieht der Heilige dem Kaiser gewordenen Karl ähnlich. So diente das Wenzelschloss dem Monarchen als westlichster Vorposten seines böhmischen Gebiets, als militärischer Stützpunkt sowie als letzte Station vor Nürnbergs Kaiserburg.

Das Wenzelschloss fiel 1504 mitsamt der Stadt Lauf an Nürnberg, 1806 kam es ans Königreich Bayern. Seine größte Bewährungsprobe erlebte das Wenzelschloss im Zweiten Markgrafenkrieg 1553: Da hielt es der Belagerung durch Albrecht Alcibiades stand, während Lauf in Flammen aufging.

Der Wappensaal steht denjenigen zur Eheschließung offen, die historisches und romantisches Flair schätzen. Er bietet Platz für bis zu 200 Personen.

15 Eine botanische Mauer
Die Rothenburger Landhege

Rund um Rothenburg ob der Tauber ziehen sich dichte Hecken und Buschwerk durch die Landschaft. In einigen Dörfern ragen wuchtige Tortürme auf. Dies sind die Reste der Rothenburger Landhege, einer Zollschranke und Räuberabwehr des Mittelalters.

Bereits im 14. Jahrhundert war Rothenburg eine bedeutende Reichsstadt. Doch ihren größten Aufschwung erreichte sie in den Jahren von 1373 bis 1408 unter der Herrschaft ihres Bürgermeisters Heinrich Toppler. Der Sohn eines wohlhabenden Kaufmanns verstand es, mittels riskanter Forderungen (etwa Strafgeld für erlittenes Unrecht) den gehobenen Adel zu schröpfen, noch mehr aber, das umliegende Land mit seinen Dörfern, Mühlen und Klöstern in den Besitz der Stadt zu bringen. Nämlich indem er den Besitz verarmter Ritter aufkaufte oder Ritter am Rande der Armut derart gründlich in die Not trieb, dass ihnen nur noch der Verkauf blieb. Heute würde man das Grundstücksspekulation nennen. Im Lauf der Jahre kaufte Toppler ein Gebiet von 350 Quadratkilometern auf, das von der Landhege geschützt werden sollte.

Von diesem Reichtum gönnte sich der Bürgermeister das sogenannte Topplerschlösschen, das noch heute existiert. Ein Häuschen auf dem Stumpf eines Turms, das seine Umgebung überragt. Die umgebende Wiese konnte bei Bedarf schnell durch einen Bach geflutet werden – ein Wasserschloss en miniature.

Dann aber verspekulierte sich Toppler politisch. Seine Feinde von außerhalb verbündeten sich gegen ihn und zogen gegen Rothenburg. Da war die berühmte Stadtmauer schon vollendet. Toppler ließ die vor der Stadt gelegene Burg Alt Rothenburg derart demolieren, dass die Gegner in ihr kein Quartier nehmen konnten. Die Erstürmung der Stadtmauer war aussichtslos, und zu einer Belagerung fehlten die Mittel. Die Feinde zogen schließlich ab und blieben nach einem Schiedsspruch auf den Kosten sitzen. Aber um diesen Schiedsspruch und Frieden zu erreichen, musste der Provokateur Toppler weg. Seine Feinde innerhalb der Stadt verhafteten ihn mitten in einer Sitzung und warfen ihn in den Kerker. Dort starb er nach einigen Monaten. Vermutlich ließ man ihn einfach verhungern.

Von 1420 bis 1480 legte die Stadt die Landhege an: 62 Kilometer lange Wälle, die Rothenburg im Süden, Westen und Norden umschlossen. Im Osten bot die Hügelkette der Frankenhöhe einen natürlichen Schutz. Diese Landwehr war gut zwanzig Meter breit und bestand aus einem System von drei etwa vier Meter hohen Wällen und zwei Gräben, die dicht nebeneinander lagen und mit undurchdringlichem Buschwerk und Dickicht bewachsen waren. Damit konnte kein Fuhrwerk heimlich in das städtische Gebiet eindringen. Räuberbanden hätten beim Durchbruch Lärm verursacht. Zugang gab es nur an 31 Zollstationen und 13 sogenannten Riegeln, also Schranken,

Napoleons Grenzziehung hat den Landturm von Lichtel Württemberg zugeschlagen. Dennoch gehört er zur fränkischen Kultur.

die Straßen sperrten. Neun Landtürme mit Wachen sicherten die wichtigsten Ein- und Ausgänge, und täglich zogen Patrouillen die Wälle entlang.

Natürlich konnte die Landhege eine Armee nicht abwehren. Aber sie zumindest so lange aufhalten, dass die Stadt rechtzeitig gerüstet war. So wucherte die Landhege über die Jahrhunderte dahin, bis Napoleon die Grenze zwischen den Königreichen Bayern und Württemberg zog, mitten durch die Landwehr. Nun wurde die Landhege nicht mehr gebraucht. Manche der neuen Grundstücksbesitzer rodeten das Dickicht und ebneten die Wälle ein, andere beließen es so. Landtürme kann man noch auf fränkischem Gebiet in Großharbach und in Württemberg bei Lichtel bewundern. Damit stellt die Rothenburger Landhege ein einmaliges, wenn auch oft übersehenes Boden- und Kulturdenkmal des Mittelalters dar. Und ein Biotop für zahllose Vögel und Kleintiere.

16 Privatmausoleum der Patrizier
Die Rieterkirche in Kalbensteinberg

Eine unauffällige Dorfkirche erweist sich als „ein Schatzkästlein Frankens". An der Rieterkirche von Kalbensteinberg sind der Bildersturm der Reformation, der Dreißigjährige Krieg und die Modernisierungswelle der Nachkriegszeit spurlos vorübergezogen. Heute überrascht sie mit ihren Reichtümern aus drei Konfessionen.

Kalbensteinberg liegt auf einem Bergsattel zwischen Spalt und Gunzenhausen. Im Frühling genießt man eine wunderbare Aussicht über Kirschbäume in voller Blüte. Mitten im Dorf steht die Kirche. Eigentlich heißt sie St. Marien und Christophorus, doch hier nennt sie jeder die Rieterkirche. Denn das Dorf gehörte einst der Nürnberger Patrizierfamilie Rieter. Dieses 1753 ausgestorbene Geschlecht ließ die Kirche erbauen und ausstatten.

Zwei Rieter vor allem sind für das Erscheinungsbild verantwortlich: Paul Rieter (1430–1487) ließ die Kirche ab 1464 im gotischen Stil errichten. Die Vollendung des Langhauses 1469 erlebte er noch, die Weihe des Chores 1488 verpasste er nur um ein Jahr. 1542 hielt die Reformation Einzug in Kalbensteinberg. Der zweite maßgebliche Bauherr war Hans IX. Rieter (1564–1626). Der unterzog die Kirche von 1609 bis 1613 einer umfassenden Renovierung und stattete sie verschwenderisch aus. Denn die Rieter betrachteten ihre Kirche trotz der Funktion für die Gemeinde mehr oder weniger als Privatmonument und Mausoleum. So ließ Hans IX. Rieter unter dem Altar eine Gruft einwölben. Bis vor einigen Jahren konnte man noch hinabsteigen und die auf natürliche Weise mumifizierten Rieter in ihren gläsernen Särgen bestaunen.

Dazu prangen neben Totenschilden an den Chorwänden Fresken mit Familienmitgliedern, die eine geistliche Karriere eingeschlagen hatten. Wer wenig zu erben bekam oder keinen Gemahl fand, dem blieb oft nur das Kloster, um ein Dach über dem Kopf und täglich zu essen zu haben.

Neben den Altären springt der hölzerne Palmesel mit dem auf ihm reitenden Christus ins Auge. Christus trägt Krone und Mantel und lenkt den Esel mit dem Zaumzeug, während er die Rechte zum Segen hebt. Der Esel steht auf einem Wägelchen mit Rädern. Es diente einem alten katholischen Brauch: Am Palmsonntag stellten die Gemeinden den Einzug Christi in Jerusalem nach, wobei anfangs der Pfarrer auf einem leibhaftigen Esel ritt.

Des Weiteren zeigen zwei Bildtafeln, etwa einen Meter hoch und zusammen 2,75 Meter breit, in 56 Abschnitten Episoden aus dem Leben von Jesus und Maria. Eine solche Bilderbibel vermittelte der Gemeinde, die zum größten Teil weder lesen noch schreiben konnte, anhand der Erläuterungen durch den Pfarrer das Heilsgeschehen. Die Bilderbibel stammt zwar aus einer Nürnberger Werkstatt (um 1480), war aber nicht für Kalbensteinberg, sondern für eine andere Kirche bestimmt.

Auf diesem freundlichen Eselchen hielt Christus Einzug in Jerusalem und jedes Jahr zu Ostern in Kalbensteinberg.

Vermutlich wurde sie dort im Bildersturm der Reformation entfernt. Sie gelangte in den Besitz von Regina Rieter, die diese Tafel ihrem Bruder Hans überließ.

Außergewöhnlich ist die Theodoros-Ikone: eine Tafel mit 13 Bildern. Um die Mitteltafel, die den Heiligen zeigt, gruppieren sich zwölf kleine Bilder mit Szenen seines Martyriums. Die Ikone stammt vom Anfang des 16. Jahrhunderts aus der Nowgoroder Schule. Wie sie nach Kalbensteinberg gekommen ist? Vermutlich durch eine Auslandsreise Philipp Rieters (1566–1633).

Im Dreißigjährigen Krieg zogen mehrmals Heerhaufen durch Kalbensteinberg. Dennoch wurde die Kirche nie geplündert. Vielleicht lag es an der konfessionellen Vielfalt. Zwar war die Kirche evangelisch, sie beherbergte aber eine erkleckliche Anzahl an katholischen Heiligen. Dazu noch einen Gast aus der russisch-orthodoxen Kirche! Damit stellt die Rieterkirche eine frühe Manifestation der Ökumene dar.

17 Fatale Einladung zum Essen
Pillenreuth und der Erste Markgrafenkrieg

Den Sieg erringt man nicht unbedingt in offener Feldschlacht. Man braucht nur das Territorium des Feindes zu verwüsten, bis er klein beigibt. Die Taktik der verbrannten Erde wurde im Ersten Markgrafenkrieg zwischen der Reichsstadt Nürnberg und dem Fürsten Albrecht Achilles angewendet.

Seinen Beinamen Achilles erhielt der Fürst Albrecht von Brandenburg (1414–1486) von einem Gelehrten, der unter dem Namen Pius II. Papst wurde. Ob Fürst Albrecht seinen Homer gelesen hat, wissen wir zwar nicht, aber dem Ideal eines Heerführers kam er recht nahe: groß und stämmig, narbenübersät, laut und trinkfest, impulsiv und brutal, dabei diplomatisch und freundlich, wo Gewalt nichts bewirkte. Zwar war Albrecht durchaus mit Ländereien gesegnet, nämlich mit der Markgrafschaft Ansbach. Doch Albrecht träumte von einem Herzogtum Franken wie zu Zeiten der Karolinger. Dem aber standen die freien Reichsstädte Nürnberg, Rothenburg, Schweinfurt, Dinkelsbühl und Windsheim entgegen.

1449 war es so weit: Albrecht hatte sich mit der Reichsstadt Nürnberg über verwaltungs- und machttechnische Fragen derart entzweit, dass er am 2. Juli einen Fehdebrief zum Hohen Rat sandte. Der Brief war mit einem Strohkranz umwunden. Der Rat sandte Achilles seinerseits einen Fehdebrief. Der aber war nicht mit Stroh, sondern mit einem siebenfarbigen Seidenkranz geschmückt. Offenbar eine gegenseitige Bezeugung von Hochachtung und Geringschätzung.

Zwar standen die Nürnberger mit anderen Städten in Franken und Schwaben in Kontakt, und alle hatten einander militärischen Beistand gelobt. Doch Albrecht Achilles hatte im Vorfeld zahlreiche Adelige auf seine Seite gezogen und den richtigen Moment abgepasst, als die verbündeten Städte mit diversen anderen Gegnern in Fehde lagen. So kam es zum gegenseitigen Niederbrennen von Dörfern, Verwüsten von Äckern und Feldern, Abholzen von Wäldern, Vertreiben des Viehs und Ablassen von Fischteichen rund um Nürnberg, Ansbach und das in die Fehde hineingezogene Dinkelsbühl.

Solche Aktionen waren bei Fehden normal. Die Leidtragenden waren die Bauern, die ohnmächtig zusahen, bei Gegenwehr sich einen Schwerthieb einfingen und sich fragten, wie sie den Winter überstehen sollten. Dabei war diese Art von Krieg schon in der Antike geächtet: Wer Obstbäume fällte oder Salz auf die Äcker streute, zog den Zorn der Götter auf sich. Noch aus dem Grabe ereilte der Fluch des Unterlegenen den Sieger. Albrecht Achilles hingegen tönte: „Der Brand ziert den Krieg wie das Magnificat die Vesper."

In seiner Hybris griff der Markgraf sogar Nürnberg mit 7.000 Mann an. Ob

Dieses bescheidene Klostertor hatte der Streitmacht des Markgrafen Albrecht Achilles nur wenig entgegenzusetzen. Und doch entschied sich ausgerechnet hier das Schicksal des Kriegsherrn.

er sich wie Achilles vor Troja fühlte? Jedenfalls hielten Nürnbergs Mauern, und ein Trojanisches Pferd stand auch nicht bereit. Doch nun fiel Achilles seinem Übermut zum Opfer. Am Kloster Pillenreuth befanden sich Fischweiher, die er zu plündern gedachte. Dabei war Achilles so dreist, die Nürnberger davon zu unterrichten: Er lade sie zum Fischessen ein, ließ er dem Rat ausrichten. Der sandte sofort ein Aufgebot von 500 Reitern und 4.000 Mann Fußvolk, besiegte Achilles' Heer und nahm ihn selbst gefangen. Die Gegner schlossen 1450 in Bamberg und endgültig 1453 in Lauf Frieden. Achilles musste seine Pläne begraben, brachte es aber noch bis zum Kurfürsten von Brandenburg und starb mit 71 Jahren auf dem Reichstag von Frankfurt. Sein Grab fand er in der Fürstengruft des Klosters Heilsbronn.

Gut hundert Jahre später tilgte Albrecht Achilles' Urenkel Albrecht Alcibiades die Schmach und zerstörte im Zweiten Markgrafenkrieg das Kloster Pillenreuth. Im Januar 2012 explodierte dessen Pröpstinnenhaus, die Gastwirtschaft „Klösterle", durch eine mutwillig herbeigeführte Gasexplosion. Ob dies Achilles' Rache aus dem Grab war?

18 Ein' feste Burg ist unser Gott

Kraftshof und der Zweite Markgrafenkrieg

Geschichte wiederholt sich. Mit allen Konsequenzen. Was der Urahn verbockt hat, das will der Nachkomme vollbringen und vollenden. Wie das gemeine Volk sich zu helfen wusste, kann man in Kraftshof besichtigen.

Die Kirche St. Georg des Nürnberger Dörfchens Kraftshof umgibt eine Sandsteinmauer mit bedachten Wehrgängen, Schießscharten und fünf Ecktürmchen. Im Hof liegen alte Sandsteinepitaphe flach im Gras. Eine Vorsichtsmaßnahme, damit nicht nachts Hunde an den Gräbern scharrten. Die Kraftshofer Kirche erfreut sich bei Brautpaaren großer Beliebtheit. Was diese bei allem romantischem Ambiente übersehen: St. Georg ist eine Wehrkirche. Die Schießscharten waren nicht etwa gegen Heiden gerichtet, auch nicht unbedingt gegen die Christen der anderen Konfession. Sondern gegen Fürsten wie Städte, sobald sie ihre Fehden austrugen.

Kraftshof hatte bereits im Ersten Markgrafenkrieg gelitten, als Albrecht Achilles es im August 1449 niederbrannte. Daraus hatte man gelernt. Da Dörfer sich keine eigenen Mauern leisten durften, war es Usus, das größte Gehöft zu bewehren, damit dort sich das Volk in Sicherheit bringen konnte. Das war hier der Kirchhof. So umgab man St. Georg ab 1505 mit einer Wehrmauer. Obendrein hoffte man auf des Feindes Gottesfurcht. Denn wer Kirchen niederbrennt, versündigt sich gegen den Herrgott.

Wie sein Urgroßvater Albrecht Achilles von Brandenburg träumte auch Albrecht II. von einem vereinigten Herzogtum Franken. Wie sein Urgroßvater schmückte sich auch dieser Albrecht mit einem Beinamen: Alcibiades, nach dem hellenischen Strategen. Wie das große Vorbild zwischen Athen und dessen Erzfeind Sparta manövriert hatte, so wechselte auch Albrecht Alcibiades bei Bedarf die Seiten. Selbst Protestant, hielt der Markgraf dem katholischen Kaiser Karl V. die Treue und kämpfte mit den Kaiserlichen im Schmalkaldischen Krieg 1546/47 gegen die eigenen Glaubensbrüder. Doch da der Kaiser auf freundliche Worte keine Taten folgen ließ, versuchte Albrecht Alcibiades sein Glück mit dem oppositionellen Fürsten Albrecht von Preußen.

Nachdem er Nürnberg und Bamberg zu Gebietsabtretungen genötigt hatte, zog 103 Jahre nach dem Ersten Markgrafenkrieg auch dieser Albrecht mit seinen Truppen aus, von seiner Residenz im oberfränkischen Kulmbach, und begann den Zweiten Markgrafenkrieg. Die Strategie war wie gehabt: Dörfer und Herrensitze niederbrennen, Äcker verwüsten, Rinder und Säue abstechen und Obstbäume fällen. So auch in Kraftshof. Die Bauern konnten sich nur in der Wehrkirche verschanzen, die Krieger von dort aus bekämpfen und auf Hilfe aus dem nahen Nürnberg hoffen. Der Markgraf hatte aber schon Kirchen

Fünf Türmchen mit spitzen Dächern verstärken die Mauer um die Wehrkirche von Kraftshof. Sie hielt allen Belagerungen stand.

angezündet. Am Ende siegte weibliche Diplomatie über rohe Gewalt: Der Patrizierin Helena Kress von Kressenstein gelang es, mit 150 Talern das Dorf samt Herrensitz und Kirche freizukaufen. Es überstand dann auch den Dreißigjährigen Krieg.

Doch bei seinen Raubzügen war Alcibiades zu weit gegangen und hatte es sich mit zu vielen Fürsten verscherzt. Nachdem 1553 die Schlacht von Sievershausen verloren, der Hauptsitz Kulmbach mit der Plassenburg niedergebrannt und Albrecht zu seiner Schwester an den badischen Hof in Pforzheim geflohen war, verhängte der Kaiser im Dezember 1553 die Reichsacht über den Fürsten. Damit war Albrecht Alcibiades politisch erledigt. Auf ganzer Linie gescheitert, starb der Markgraf in Pforzheim im Alter von nur 34 Jahren.

All dies sollte bedenken, wer sich in der Kraftshofer Kirche, gezeichnet von Pulverdampf und Blutvergießen, trauen lässt – und sich vor einem Ehekrieg in Acht nehmen.

19 Auf dem Weg in den Krieg
Protest in Auhausen

In diesem Kapitel werfen wir einen Blick über den Tellerrand. Dorf und Kloster Auhausen liegen heute im bayerischen Schwaben. Doch bis 1806 gehörten sie noch zu Franken. 1608 wurde dort ein Beschluss von höchster historischer Bedeutung gefasst: die Gründung der Protestantischen Union.

Alles, was recht ist: Diese Gegend ist immer noch fränkisch geprägt! Landschaftlich und mentalitätsmäßig gehört Auhausen allen Grenzverschiebungen zum Trotz zu Franken. Dabei lag es natürlich schon immer im Grenzbereich zwischen Franken und Schwaben. Heute ist Auhausen die nördlichste Gemeinde des bayrischen Schwaben, touristisch aber nimmt es ungeniert Anteil am Fränkischen Seenland.

Vom Benediktinerkloster ist nur noch die Kirche St. Maria übrig, und allein sie lohnt schon einen Besuch. Wer sie betritt, entdeckt den Hauptaltar mit einer Marienkrönung. Dieser katholischen Demonstration stehen an der Chorwand zwei Statuen gegenüber: Luther mit der offenen Bibel im Gestus des „Das Wort, sie sollen lassen stahn" sowie der freundlichere Philipp Melanchthon. Die Köpfe im Chorgestühl weisen allerhand Verunstaltungen auf. Erzürnte Bauern haben ihnen im Bauernkrieg 1525 die Nasen gestutzt. All dies steht für das Programm, das einst hier auf den Weg gebracht wurde.

Der Ärger begann, als 1606 eine katholische Prozession durch die evangelische Reichsstadt Donauwörth am Südrand des Ries zog. Die protestantischen Städter empfanden dies als Provokation, der Wortwechsel gipfelte schließlich in einer handfesten Prügelei. Als die Provokation sowie die prompte Reaktion darauf sich im folgenden Jahr wiederholten, beauftragte der katholische Kaiser Rudolf II. den bayerischen Herzog Maximilian I. damit, die Stadt zu disziplinieren. Maximilian besetzte Donauwörth und rekatholisierte es. Dies aber hätte er gar nicht gedurft. Strafmaßnahmen oblagen allein dem Herzog von Württemberg, seinerseits ein Protestant.

Als 1608 der Reichstag in Regensburg tagte, kam die Affäre zwar zur Sprache, doch erzielte man kein Ergebnis, eine Versöhnung kam nicht zustande. Katholische und protestantische Regenten schieden im April 1608 im Unfrieden voneinander, der Augsburger Religionsfrieden von 1555, der beiden Konfessionen Rechte zugestand, war in Gefahr.

Kaum war man auseinandergegangen, lud der Ansbacher Markgraf Joachim Ernst die evangelischen Regenten Süddeutschlands ins säkularisierte Kloster Auhausen ein, um über ein Bündnis für den Fall eines Angriffs von katholischer Seite zu beraten. Nach fünf Tagen Beratung bildeten die Markgrafen von Brandenburg-Ansbach und Brandenburg-Bayreuth, der Herzog von Württemberg, der Markgraf von Baden-Durlach, der Kurfürst von der Pfalz sowie der Pfalzgraf von Pfalz-Neuburg zum gegenseitigen Beistand die Protestantische Union. Der

Hier war eine Station auf dem Weg zur Katastrophe des Dreißigjährigen Krieges. Die Architektur der ehemaligen Klosterkirche St. Maria und St. Godehard wirkt auch etwas martialisch.

schlossen sich bald darauf 17 Reichsstädte an, unter ihnen Nürnberg, Rothenburg, Windsheim (alle drei im heutigen Mittelfranken), außerdem Nördlingen, Schweinfurt, Schwäbisch Hall, Esslingen, Speyer, Worms, Ulm und Straßburg.

Zwar verstand sich die Protestantische Union als reines Defensivbündnis und war vorläufig auf zehn Jahre terminiert. Aber das Misstrauen gegenüber dem Kaiser war so massiv demonstriert, dass sich katholische Fürsten im Gegenzug im Jahr 1609 zur Katholischen Liga zusammenschlossen. Dazu gehörten die Hochstifte Bamberg und Würzburg sowie die Kurfürstentümer Köln, Mainz und Trier. Damit waren die Fronten gezogen und die Zeichen standen auf Sturm. Der begann 1618 mit dem Prager Fenstersturz und dauerte dreißig Jahre. Es war ein Krieg, der Deutschland verwüstete und um mindestens hundert Jahre zurückwarf.

20 Kämpfen oder kapitulieren? Die Festung Lichtenau

Eine Burg oder eine Festung trotzt im Krieg dem Feind und gewährt den Hilflosen Schutz, oder sie wird erobert. Im Frieden ärgert sie bei strategisch günstiger Lage den Nachbarn. Ob man nun standhält oder doch besser nachgibt: Die Burg und Festung Lichtenau gibt dafür schöne Beispiele.

Ein Stück Nürnberg im Ansbacher Land? Die Festung Lichtenau wirkt mit ihren dem Sinwellturm nachempfundenen Rundtürmen ein wenig wie die kleine Schwester der Nürnberger Kaiserburg. Die Ähnlichkeit ist nicht nur ästhetischer Natur, sie stellt auch ein handfestes politisches Zeichen dar.

Alles begann ganz friedlich mit einer Wasserburg in der Ansbacher Gegend. Dort lebte ein Ritter namens Heydeck, der das Nürnberger Bürgerrecht erworben hatte und im Gegenzug der Reichsstadt gestattete, im Bedarfsfall seine Wasserburg zu nutzen. Das taten die Nürnberger denn auch. Und behielten gleich die Burg. Nun war diese Burg Lichtenau den Ansbacher Markgrafen ein Dorn im Auge. Kaum hatte Albrecht Achilles von Brandenburg Nürnberg im Ersten Markgrafenkrieg 1449 den Fehdehandschuh hingeworfen, da nahm er die Burg Lichtenau auch schon ein. Doch nach dem Bamberger Friedensschluss 1450 musste er sie wieder an Nürnberg herausgeben.

Hundert Jahre später brach sein Enkel Albrecht Alcibiades den Zweiten Markgrafenkrieg vom Zaun. Die Geschichte wiederholte sich: Äcker wurden verwüstet, Wälder abgeholzt und Dörfer niedergebrannt. Auch Alcibiades nahm die Wasserburg Lichtenau ein und brannte sie bis auf den Grund nieder. Ihm erging es übler als seinem Ahnherrn: Da er sich bei allen Seiten unmöglich gemacht hatte, verhängte man über den Fürsten die Reichsacht. Alcibiades floh und starb.

Nun machte Nürnberg Nägel mit Köpfen: Damit sich solch eine Niederlage nicht wiederhole, beauftragte die Stadt ihren Ratsbaumeister Wolf Jacob Stromer, die Burg zur Festung umzugestalten. Stromer bediente sich aus Plänen des Festungsbaumeisters Antonio Fazuni, der Jahre zuvor Nürnbergs Kaiserburg mit Basteien und Kasematten umgeben hatte. Zu den Tricks einer solchen Festung gehört die gekrümmte Einfahrt: Hinter dem schwer gesicherten Tor kommt eine enge Kurve. Sollte eine Kanonenkugel das Tor knacken, so trifft weiterer Beschuss durch die Öffnung nur die nächste Mauer.

1630 war alles bestens ausgestattet, nun konnte der Feind kommen! Der kam schneller als gedacht. Im Dreißigjährigen Krieg gehörte Nürnberg zur protestantischen Seite. Als 1632 bei Zirndorf die Armeen von Wallenstein und Gustav Adolf von Schweden einander gegenüberlagen, marschierte der kaiserliche General Tilly vor Lichtenau und forderte die Festung zur Übergabe auf. Angesichts der Kanonen auf dem nahen Berg, die bequem in die Festung hineindonnern konnten, ergab sich der Kommandant Georg Scheurl kampflos. Ohne einen

Nicht von ungefähr ähneln die beiden Rundtürme dem Sinwell-turm der Nürnberger Burg. So ärgerte man den Markgrafen.

einzigen Schuss abgefeuert zu haben, fiel Lichtenau in die Hand der Kaiserlichen. Vor dem Nürnberger Rat fluchte Gustav Adolf, wenn Scheurl seines Volkes wäre, so müsse er noch an diesem Tag sterben.

Die nächste Stunde der Bewährung schlug 1688. Da zogen die Franzosen vor Lichtenau auf und verlangten die Kapitulation. Diesmal blieb der Kommandant standhaft und machte sich auf das Schlimmste gefasst. Doch die Franzosen zogen wieder ab. Obwohl die Festung hoffnungslos veraltet war, war den Angreifern die Entschlossenheit der Belagerten nicht ganz geheuer. Nach 1806, als die Festung ihre militärische Bedeutung verloren hatte, diente sie als Zuchthaus und nach dem Zweiten Weltkrieg als Jugendgefängnis. Heute hortet Lichtenau als Außenstelle des Bayerischen Staatsarchivs wertvolle Dokumente.

21 Die Schweden kommen! Dinkelsbühl und die Kinderzeche

Wehe den Besiegten! Wer sich dem Feind im Voraus ergibt, wird zwar gerupft, kommt aber noch leidlich davon. Wer sich jedoch widersetzt und erst nach heroischem Kampf aufgibt, hat kaum Milde zu erwarten. Und doch soll solches in Dinkelsbühl geschehen sein.

Jedes Jahr im Juli wiederholt sich das Schauspiel: Die Schweden ziehen in die Stadt ein, die Ratsherren winseln um Gnade, doch der Feldherr will nichts davon wissen. Raub, Schändung und Brandschatzen stehen ihm und seinen Mannen im Sinn. Rache treibt ihn an, denn vor Kurzem hat er seinen Sohn verloren. Das vernimmt die 15-jährige Lore. Sie sammelt alle Kinder der Stadt um sich, geht mit ihnen dem Heer entgegen und bittet den Feldherrn um Gnade. Dessen steinernes Herz bröckelt, und schließlich gewährt der Sieger Pardon.

So hat sich das bestimmt nicht zugetragen. Im Lauf des Dreißigjährigen Krieges wurde Dinkelsbühl achtmal besetzt, von den Schweden wie von den Kaiserlichen. Und blieb jedesmal unzerstört. Das war eher dem Verhandlungsgeschick der Ratsherren zu verdanken als dem Jammern unmündiger Kinder. Und doch bilden Dinkelsbühl und Rothenburg in dieser Epoche der Zerstörung bemerkenswerte Ausnahmen. Dafür muss es doch eine tiefere Erklärung geben!

Die Kinderzeche verdankt ihren Namen dem Brauch, dass am Ende des Schuljahres die katholischen Kinder etwas Geld zum Feiern bekamen. Die evangelischen Buben und Mädchen kamen erst 1654 ebenfalls in den Genuss des Unterrichts und der Zeche. Um 1850 erwuchs aus der Kinderzeche der evangelischen Schule ein kleines Schauspiel. Die Kinder trugen „Schwedenuniformen", und ein als Obrist herausgeputzter Bub sagte einen Dankspruch zur Rettung der Stadt auf.

Der Schrecken der Altvorderen wirkte über Generationen nach. Bis ins 20. Jahrhundert kursierten Kinderverse wie: „Bet, Kindchen, bet! Morgen kommt der Schwed. Morgen kommt der Ochsenstern, wird die Kinder beten lehrn." Oder: „Der Schwed ist gekommen, hat alles mitgenommen, hat die Fenster eingeschlagen, hat das Blei davongetragen, hat Kugeln draus gegossen, hat die Bauern totgeschossen."

Die Schweden galten als schreckliche Krieger, die kein Deutsch sprachen, mit denen also gar nicht zu verhandeln war. Dasselbe galt für die Kroaten, die auf kaiserlicher Seite Gräuel begingen. Und doch sind die Schweden präsenter geblieben als die Kroaten. Etwa durch den Schwedentrunk. Der Barockautor Hans Jakob Christoffel von Grimmelshausen beschreibt diese Unsitte in seinem „Abenteuerlichen Simplicissimus": „Den Knecht legten sie gebunden auf die Erd, stecketen ihm ein Sperrholtz ins Maul, und gossen ihm einen Melckkübel voll garstig Mistlachenwasser in Leib, das nenneten sie ein Schwedischen Trunck."

Im kindlichen Spiel verloren solche Überlieferungen viel von ihren Schrecken.

Jedes Jahr zur Kinderzeche zieht die Kinderlore den Schweden entgegen. Der Anblick der Kinderchen rührt wie das Herz des Feldherrn gleichermaßen das der Touristen.

Als hernach König Gustav II. Adolf von Schweden als Retter des Protestantismus stilisiert wurde, betonten die nachgeborenen evangelischen Dinkelsbühler die Solidarität mit den evangelischen Schweden, auch wenn diese damals das Land verheert hatten. Und was taugt zur Versöhnung mehr, als die Großmut des Siegers gegenüber dem Besiegten zu preisen? 1897 ersann Ludwig Stark das Schauspiel von der Kinderlore. Dafür wählte Stark, sicher unter dem Eindruck des „Rothenburger Meistertrunk" von 1881, eine historische Begebenheit, nämlich die Kapitulation vor den Schweden am 11. Mai 1632.

Ironie der Geschichte: Der Befehlshaber war kein Schwede, sondern Deutscher. Nämlich Claus Dietrich von Sperreuther, der in seiner Karriere oftmals die Seiten wechselte. Und noch eine Ironie: Das Finale des Schauspiels bildet der Choral „Nun danket alle Gott". Der aber stammt aus dem Jahr 1634, also nach der Kapitulation.

22 Unter den Tisch gesoffen
Rothenburg und der Meistertrunk

Wer sich zur Wehr setzt, hat keine Gnade zu erwarten. Wer kapituliert, wird trotzdem gerupft. Im Dreißigjährigen Krieg konnte man nur auf die Milde des Siegers hoffen. Oder ihm durch staunenswerte Taten Zugeständnisse abringen. Wie etwa in Rothenburg ob der Tauber geschehen. Na ja, vielleicht.

Das evangelische Rothenburg hatte tapfer gekämpft, doch die Kaiserlichen unter General Tilly waren stärker. Schließlich kapitulierte die Stadt. Die Söldner lechzten nach Mord, Raub und Vergewaltigung. Im Rathaus verkündete Tilly den Ratsherren seinen Beschluss: Alle an den Galgen! Da kredenzte der Kellermeister dem Sieger den Willkommenstrunk. Tilly nahm einen Schluck Frankenwein und ward besserer Laune. So machte er dem Rat ein Angebot: Die Stadt sollte verschont bleiben, wenn einer der Herren es schaffe, den Humpen mit dreieinviertel Litern Wein in einem Zug zu leeren. Alle verzagten. Doch dann trat der trinkfeste Christian Nusch vor, griff den Humpen und leerte ihn vor aller Augen. Tilly hielt Wort und verschonte Rothenburg.

Ob es sich wirklich so zugetragen hat? Die zeitgenössischen Chroniken erzählen nichts von einer wundersamen Rettung. Wahr ist: Die Reichsstadt Rothenburg hatte sich 1631 unter den Schutz der Schweden gestellt. Auch Tillys Belagerung im Oktober 1631 ist verbürgt. Die Stadt hatte auf Entsatz gehofft. Der aber war ausgeblieben. Schließlich fügte sich die Stadt in ihr Schicksal.

Und dieses Schicksal mochte fürchterlich sein. Erst ein halbes Jahr zuvor hatte Tillys Armee bei der Erstürmung Magdeburgs ein Massaker angerichtet. Die „Magdeburger Bluthochzeit“ ging in die Geschichte des Dreißigjährigen Krieges als der größte an Zivilisten begangene Massenmord ein. Etwa 25.000 Menschen sollen dem Wüten der Soldateska zum Opfer gefallen sein. Den Namen „Magdeburger Bluthochzeit“ prägten die Sieger. Das Wappen Magdeburgs zeigt eine Jungfrau. Ihr Bräutigam war demnach der Kaiser, der sie mit Gewalt genommen hatte.

Die Gefahr, dass es Rothenburg genauso ergehen konnte, war durchaus gegeben. Dazu aber kam es nicht. Tilly hatte im September in der Schlacht bei Breitenfeld gegen Gustav Adolf eine verheerende Niederlage erlitten. Überdies stand der Winter vor der Tür, und Tillys Truppen sollten besser in festen Häusern statt in Zelten unterkommen.

So weit die Historie. Wie aber kam es dann zum Meistertrunk? Angesichts der Katastrophe von Magdeburg nahm es spätere Generationen wunder, dass Rothenburg verschont blieb. Also musste sich Wundersames zugetragen haben. 1770 wurde erstmals die Sage vom Meistertrunk kolportiert. Wobei es sich um eine poetische Antwort auf den „Schwedentrunk“ gehandelt haben mag: Wein statt Mistjauche, der trinkfeste Unterlegene schlägt dem Triumphator ein Schnippchen.

In der Ratstrinkstube (links) kam es zu hand- wie trinkfesten Verhandlungen mit berauschendem Ausgang.

Hundert Jahre später kam Bewegung in die Sache. Rothenburg dämmerte im romantischen Dornröschenschlaf. Einflussreiche Bürger wollten Besucher anlocken und beauftragten den Hobbydichter Adam Hörber, ein Historienspiel zur Kirchweih mit Festumzug zu schreiben. Hörber griff die Sage vom Meistertrunk auf (dessen 250. Jahrestag bevorstand) und gestaltete sie schön dramatisch. Die Uraufführung zu Pfingsten 1881 war ein durchschlagender Erfolg. Eine Laienspielschar agierte vor authentischer Kulisse. So kam der Meistertrunk Jahr um Jahr zur Aufführung, mit Heerlagern erweitert und nach Zeitgeschmack modifiziert. Und seit 1910 prosten sich Tilly und Nusch zur vollen Stunde an der Ratstrinkstube zu.

Bemerkenswert war die erste Nachkriegsaufführung am 21. Mai 1945: Angesichts des ausgebrannten Rathauses wirkte das Spiel besonders ergreifend. Heute zählt das Festspiel vom Meistertrunk zum immateriellen Kulturerbe der UNESCO.

23 Eine unbesungene Heldin
Schwabach und Anna Wolff

An Rothenburg und Dinkelsbühl war der Kelch vorübergegangen. Wie aber sieht es aus, wenn ein Heer mordend und plündernd über eine Stadt herfällt? Ein Augenzeugenbericht aus nächster Nähe gibt Auskunft.

Wir wissen wenig über Anna Wolff. Am 24. November 1602 kam sie in Schwabach zur Welt als Tochter eines Müllers und Bäckers, die nicht nur Lesen, Schreiben und Rechnen lernte, sondern überdies ein unerschütterliches Gottvertrauen mitbekam. Vielleicht war es das, was sie am Leben erhielt. Leider ist ihre Lebensbeschreibung, die sie mit 63 Jahren verfasste, unvollständig.

Noch am Johannistag 1632 hatten die Schwabacher gefeiert, da drang böse Kunde in die Stadt: Die Kaiserlichen unter Wallenstein und dem bayerischen Kurfürsten Maximilian I. rückten von Neumarkt her an. Der Dekan nahm Reißaus, vier Pfarrer blieben bei ihren Gemeinden. Nur einer sollte überleben. Am Sonntag, dem 29. Juni, blies beim Gottesdienst der Türmer „voll dick“ in sein Horn. An die 80.000 Mann standen vor der Stadt. „Wo man hinaus geschaut hat, so hat man nichts gesehen als lauter Volk rings um Schwabach, da sind sie naus marschiert aus den Wäldern haufenweis, wie die Bienen ...“

Schwabach verrammelte die Tore und läutete sieben Stunden lang Sturm, in der Hoffnung, dass die Schweden zu Hilfe kämen. „Im Feld um die Stadt herum sind nichts als Soldaten gestanden, die haben an allen Orten auf die Stadt geschossen. Da hat alles kracht und prasselt und man hat gemeint, sie schießen alles zu Boden. So haben sich die Bürger gewehret und haben naus geschossen und haben viel Offizier und Obersten geschossen und blessiert.“ Nach heftiger Gegenwehr ergab sich die Stadt doch.

Wallenstein kannte keine Gnade. Wer nicht in die Kirche floh, wurde verprügelt, ausgeraubt, vergewaltigt oder ermordet. Anna Wolff verbarg sich mit vier Frauen in einem Taubenschlag der Mühle. Fünf Tage lang harrten sie in geduckter Haltung aus. „Weil die Kuchel riber und niber gesaußet, hatt uns Gott doch behit.“ Danach herrschte Ruhe. Die Armee schaffte sämtliches Mehl und Getreide ins Lager. Verletzte Soldaten siechten in den Häusern dahin, 50 bis 100 Mann pro Haus, schätzte Anna Wolff.

Während Kurfürst Maximilian von der kompletten Zerstörung Schwabachs absah, wollte sich Wallenstein an den Verteidigern rächen. Die gaben alle Schuld am Kampfbefehl dem Bürgermeister Driller. Der aber war unauffindbar. Wallenstein ließ jedes Haus durchsuchen. Wer ihn verstecke, werde gehängt, Driller aber gevierteilt. Wo war Driller? In einer Kammer der Wolff'schen Mühle, wo Anna ihn und seine Frau heimlich versorgte. Auf Drillers Rat hin setzte Anna das Gerücht in die Welt, der Gesuchte sei in einem Fass nach Regensburg entkommen. Elf Wochen lang zog sich das Versteckspiel hin, dann rückten die Kaiserlichen ab. Hunger, Ruhr und andere Seuchen besorgten den Rest.

Doppelt geschützt versteckt sich der gesuchte Bürgermeister Driller hinter Anna Wolff sowie einem Mühlstein. Letzterer erinnert an die Wolff'sche Mühle.

Wie übersteht man so eine Katastrophe? Anna Wolff, die nach drei Ehen mit 72 Jahren starb, kommentiert fast jedes Ereignis mit einem Bibelzitat. Mal ist der Krieg eine Strafe Gottes, dann wieder nimmt sie mit Psalmen Zuflucht zu eben diesem strafenden Gott. So weist sie jedem Greuel einen höheren Sinn zu. Der schottische Oberst Robert Monro, der für König Gustav II. Adolf kämpfte, sieht den Krieg etwas anders: „Nichts schadet, wie wir sehen, dem Gemeinwohl mehr als der Mangel an Führungsvermögen des Mannes an der Spitze." Und: „Kriege werden oft durch Faulpelze und Dummköpfe angestiftet, aber sie müssen von den tapfersten Männern mit Mühe und Gefahr geführt werden."

Kein Dichter hat Anna Wolff mit einem Drama gewürdigt. Ihr Denkmal hat sie trotzdem: Am Schwabacher Rathaus stellt sie sich vor den Bürgermeister, der sich hinter einem Mühlstein verbirgt.

24 Entscheidungsschlacht ohne Sieg
Zirndorf und die Alte Veste

Vor Nürnberg treffen König Gustav II. Adolf von Schweden und sein Kontrahent Wallenstein aufeinander. Bei Zirndorf an der Alten Veste kommt es zur Entscheidungsschlacht. Die bringt zwar keine Entscheidung, hinterlässt aber bis heute ihre Spuren in der Landschaft.

Zirndorfs Alte Veste, auf einem Hügel gelegen, war schon damals eine Ruine, aber als Bollwerk noch zu gebrauchen. Kaum hatte Gustav Adolf im Mai 1632 München besetzt, brach Wallenstein mit seinem Heer von Prag nach Nürnberg auf, um den Schwedenkönig vom Nachschub abzuschneiden. Gustav Adolf eilte sofort zurück und quartierte seine Armee im Juli in und um Nürnberg ein. Ein Blick auf die Mauern überzeugte Wallenstein: An dieser Stadt würde er sich die Zähne ausbeißen. Also schlug er bei Zirndorf westlich von Nürnberg und dem wehrlosen Fürth sein Lager auf. Nicht ein Lager, sondern das größte Heerlager der Geschichte: 50.000 Söldner plus 30.000 Frauen und Kinder, Prostituierte, Händler und Marketender auf einer Fläche von zwanzig mal sieben Kilometern.

Sofort erkannte Wallenstein die strategisch günstige Lage der Alten Veste. Um diese herum gruppierte er das Hauptquartier, während nach Süden das weitere Lager sich anschloss. Die heikelsten Stellen sicherten Schanzen. Solch eine Schanze bestand aus einem zwei Meter tiefen Graben, dessen Aushub auf Verteidigerseite einen knapp mannshohen abgeböschten Wall bildete. Hinter dem Wall stand ein Stützgerüst aus Pfählen und Flechtwerk, hinter dem die Soldaten ihre Musketen luden und abfeuerten. Ein Feind, der in vollem Lauf über den Graben sprang, rutschte an der steilen Böschung ab und stürzte auf spitze Pfähle am Grabenboden. Von günstigen Positionen bestrichen Kanonen mit Vollkugeln oder Hackblei das Feld. Über 16 Kilometer zog sich dieser Wall hin. In wenigen Tagen fällten und verarbeiteten die Söldner 13.000 Bäume. Per Hand huben sie 64.000 Kubikmeter Erde aus. Dazu klafften rund um die Alte Veste Steinbrüche, die Wallenstein in seine Verteidigung einbezog.

Beide Heere belauerten sich wochenlang. Als der Schwedenkönig Verstärkung erhielt, war es so weit. Am 3. September griff Gustav Adolf an. Aus unerfindlichen Gründen attackierte er ausgerechnet die stärkste Schanze im Nordosten der Veste. Vielleicht spekulierte der König, dass Wallenstein dachte, hier würde sein Gegner gewiss nicht angreifen, sodass er weniger Männer dort abgestellt hatte. Bloß waren die Schanzen fester, der Hügel steiler und die Verteidiger zahlreicher als gedacht. 8.000 Mann schossen mit 80 Kanonen zehn Stunden lang auf die Angreifer. Bis zur Nacht holten sich die Schweden eine blutige Nase nach der anderen. Als es am nächsten Tag in Strömen regnete, war an Schießen nicht mehr zu denken. So zogen Gustav Adolf und danach auch Wallenstein ab, um sich am 16. November bei Lützen wieder zu treffen.

Wallenstein wäre überaus dankbar gewesen, hätte er schon damals den hohen Aussichtsturm gehabt, der seit dem 19. Jahrhundert die Alte Veste krönt.

Im Vergleich zu anderen Schlachten fiel das Gemetzel an der Alten Veste relativ moderat aus: Die Schweden verloren 1.200 Mann und hatten 200 Verletzte, die Kaiserlichen nur 300 Gefallene, aber 700 Verwundete. Viel mehr hatte die Bevölkerung zu beklagen: Beim Abzug vernichteten Marodeure Dörfer und Brücken, steckten Fürth in Brand und ließen die Bauern ausgeplündert zurück. In Nürnberg und seinem Umland forderten Pest und Seuchen 35.000 Opfer. Gustav Adolf sollte in der Schlacht von Lützen fallen. Wallenstein fiel 1634 in Eger einem Mord zum Opfer.

Noch heute erblickt man, wenn auch längst wieder vom Wald überwachsen, zwischen den Steinbrüchen Erhebungen und Vertiefungen. Zur Verdeutlichung ist ein Stück Schanze nachgebaut. Und ein spezielles Fernrohr auf dem Aussichtsturm der Veste zeigt den Besuchern die wichtigsten Positionen von Wallensteins Lager.

25 Vom Karzer aufs Schlachtfeld
Die Universität Altdorf

Erlangen hat eine Universität, Nürnberg ist dazugekommen, selbst Fürth nennt sich Hochschulstandort. Aber die älteste Hochschule in Mittelfranken ist die Universität von Altdorf. Schade nur, dass es die nicht mehr gibt.

Das Städtchen Altdorf liegt etwa 20 Kilometer östlich von Nürnberg. Nett, aber unauffällig. Und doch residierte dort seit 1575 eine Hochschule als Nachfolgerin des von Philipp Melanchthon gegründeten Egidien-Gymnasiums von Nürnberg. Das Altdorfer Kollegienhaus hatten sich die Nürnberger Patrizier etwas kosten lassen. Zuspruch und Qualität dieser Akademie waren schließlich so groß, dass Kaiser Ferdinand II. sie im Jahr 1622 zur Universität erhob.

Der größte Vorteil der Altdorfiana war zugleich ihr größter Nachteil: der Abstand zu Nürnberg. Der garantierte zwar, dass junge Rabauken mit viel Geld und wenig Disziplin nicht in Wirtshäusern herumlotterten, statt im Lesesaal zu büffeln. Andererseits sprach sich dieses Manko unter den Studenten herum. Wem also nach den schönen Seiten des Studentenlebens gelüstete, der suchte sich lieber eine andere Hochschule. Oder man probierte es mit den weniger standesgemäßen Kneipen der Umgebung. Oder man schaffte sich ein Pferd an und übernachtete in Nürnberg.

Zu den prominentesten Studiosi gehörte einer, der später noch gewaltig von sich reden machen sollte: Albrecht von Wallenstein. Der Aufenthalt des künftigen Heerführers der Katholischen Liga in der protestantischen Akademie ab dem Sommer 1599 war zwar kurz, aber spektakulär. Schon damals tat sich Wallenstein durch ein unbeherrschtes Temperament und Raufereien hervor. Vor allem aber peitschte der erst 17-Jährige seinen Diener fast tot, bloß weil der müßig aus dem Fenster schaute, statt seinem Herrn dienstbar zu sein. Ein solches Betragen ziemte sich nicht, deswegen wurde Wallenstein im April 1600 relegiert. Woraufhin er sein Studium in Padua und Bologna fortsetzte.

Es versteht sich von selbst, dass im Zuge des Historismus und der vaterländischen Schauspiele des 19. Jahrhunderts auch dieses Kurzzeitstudium seine theatralische Aufbereitung erfuhr. Freilich mit etwas anderen Intentionen.

Natürlich geht es um Liebe und Eifersucht. In dem Schauspiel „Wallenstein in Altdorf“ fungiert das junge Ännchen, Tochter des Pastors Schopper, als Zankapfel zwischen dem Rabauken Wallenstein und dem braven Studiosus Nößler. Um die Sache zu klären, verabreden sich beide zu einem Duell. Das kommt allerdings nicht zustande, weil Wallenstein seinen Diener verprügelt und als erster Student den neugebauten Karzer einweiht. Hernach kommt es zur Relegation. 32 Jahre später steht Wallenstein als Feldherr vor den Toren. Nößler, glücklich mit Ännchen verheiratet, leitet nun als Rektor die Universität. Nach heroischem Widerstand ergibt sich das Städtchen auf Gnade und Ungnade. Wallenstein erkennt den Intimfeind und die Jugendliebe von einst erst gar nicht. Dann

Hier ist einst der junge Wallenstein mit anderen Studiosi gelustwandelt, hat gebechert und gerauft. Das Altdorfer Kollegienhaus hat sich bis heute erhalten.

fällt der Groschen. Und da die Zeit so vieles getilgt hat, lässt er Gnade walten.

Alle drei Jahre findet das Schauspiel im Hof der Altdorfiana statt. Daneben kommt ein ungleich gewichtigeres Werk zum Zug, nämlich Schillers „Wallensteins Lager" in leicht gekürzter Fassung.

Als das Altdorfer Schauspiel 1894 seine Uraufführung am Originalschauplatz feierte, war die Universität längst aufgelöst. Ihre Glanzzeit hatte sie nach dem Dreißigjährigen Krieg mit einem Observatorium, einem chemischen Laboratorium und einer Anatomie. Aber da die Zahl der Studenten kontinuierlich zurückging, verfügte König Maximilian I. von Bayern 1809 die Auflösung. Seit 1925 gehören die Gebäude zur Rummelsberger Diakonie und dienen als Wohnung für körper- und mehrfach behinderte Kinder und Erwachsene.

26 Fremde in einem fremden Land
Exulanten in Franken

Wie fränkisch sind die Franken? So ganz und gar eingewurzelt sind sie gar nicht. Ein Großteil von ihnen stammt nämlich aus Österreich. Die Zugewanderten waren Glaubensflüchtlinge, die vor der Gegenreformation Reißaus genommen hatten.

Die Kirche von Kammerstein, etwa fünf Kilometer südwestlich von Schwabach gelegen, ist nicht zu übersehen. Sie liegt auf dem Gipfel des Hügels, an dem sich Kammerstein angesiedelt hat. Knapp unterhalb der Kirche steht, besser: liegt seit dem Jahr 2000 ein ausgefallenes Denkmal, das die Kammersteiner Vorfahren ehrt.

Zwischen den Häusern ist Platz für eine kleine Hangwiese. Auf dieser Wiese bilden Sandsteinbänke in amphitheatralischer Anordnung ein Oval. An dessen unterem Ende steht ein steingraues Tor, ein einfacher Durchlass. Doch der Eindruck des Steins täuscht, das Tor besteht aus Metall und donnert, wenn man stark anklopft. Von diesem Tor nach oben bahnt sich ein Pflasterweg aus grauen und roten Granitsteinen durch die Wiese. Die roten Steine bilden die Umrisse zweier enorm langer Schatten, geworfen von unsichtbaren Gestalten, die wir uns im Tor stehend vorstellen müssen. Eine große Gestalt mit Wanderstab und daneben eine kleine.

Vater und Sohn? Auf jeden Fall zwei Generationen. Nahe dem Tor befindet sich, umrahmt von Apfelbäumen, eine Aussichtsplattform. Gut drei Meter klettern Besucher eine steile Leiter empor. Dann genießen sie die Aussicht. Und den Blick auf das Denkmal. Nun sind die langen Schatten durch die perspektivische Verkürzung auf menschliche Größe gestaucht. Erdacht hat das Ganze der Künstler Thomas Volkmar Held, der mit dem Namen TeVauHa signiert.

Kaum zu glauben, aber der Protestantismus hatte in Österreich schon sehr früh festen Fuß gefasst und Zustimmung sowohl beim einfachen Volk als auch beim Adel gefunden. Die Habsburger indes hielten am katholischen Glauben fest. Im Zug der Gegenreformation, angeführt von den Jesuiten, und auf Befehl Kaiser Ferdinands II., kam es schon im Dreißigjährigen Krieg zu einer harten Drangsalierung vor allem der ländlichen Bevölkerung. Wer nicht dem evangelischen Glauben abschwor, geriet in Acht und Bann, musste Strafe zahlen oder landete im Kerker. Nun hatte man die Wahl: entweder konvertieren oder sonntags die Messe besuchen, im stillen Kämmerlein aber die Lutherbibel lesen und im Geheimversteck das Abendmahl feiern. Oder auswandern.

Am Ende zogen mehr als 100.000 Protestanten fort. Aus Ober- und Niederösterreich, aus Kärnten und dem Salzburger Land zogen sie nach Deutschland, das vom Dreißigjährigen Krieg verwüstet darniederlag. Speziell in Franken gab es entvölkerte Landstriche, menschenleere Gegenden, niedergebrannte Dörfer, verwahrloste Gärten und brachliegende Äcker. Und viel Platz für Neubürger, die Landesherren empfingen sie mit offe-

Ein eigenwilliges Denkmal erinnert in Kammerstein an die Exulanten aus Österreich.

nen Armen. Allein in Kammerstein und Umgebung ließen sich 1.300 Exulanten aus Kärnten und ganz Österreich nieder. Im nahen Schwabach und in Erlangen siedelten sich die Hugenotten aus Frankreich an. Sie leisteten über Jahrzehnte Wiederaufbau. Spätestens in der dritten Generation verstanden sich die Österreicher als komplette Franken, auch wenn ausgefallene Namen wie Rammelmüller, Merkenschlager und Stürzenhofecker auf die Herkunft schließen lassen.

Dabei zogen die Exulanten aus Österreich nicht in einer großen Flüchtlingswelle, sondern über mehrere Jahrzehnte verteilt nach Deutschland. Noch 1731 kam es im Salzburger Land zu einer großen Protestantenvertreibung, bis Kaiser Joseph II. 1781 in seinem Toleranzpatent die Ausübung des evangelischen Glaubens wieder gestattete. Im Nachhinein hat dieser Aderlass den Habsburgern mehr geschadet als genutzt. Profitiert haben davon besonders Franken und Preußen.

27 Mit Seidenstrümpfen zum Erfolg
Erlangen und die Hugenotten

Hilfe, da stehen Fremde vor der Tür und begehren Einlass! Und sprechen kaum ein Wort Deutsch. Wie sollen wir die bloß unterbringen? Über solche Sorgen können die Erlanger nur lächeln. Sie nahmen ab 1686 mehr Flüchtlinge auf, als ihre kleine Stadt Einwohner hatte. Und die Hugenotten dankten es ihnen. Sie erst machten Erlangen zu einer bedeutenden Stadt.

Als König Ludwig XIV. von Frankreich das 1598 erlassene Edikt von Nantes, das den Protestanten in Frankreich Glaubensfreiheit und alle Bürgerrechte zugesichert hatte, 1685 aufhob, konnten die Hugenotten nur entweder katholisch werden oder fliehen. Tausende verließen ihre Heimat und zogen nach Holland oder in die Schweiz. Bald war das calvinistische Genf überlaufen. Als Markgraf Christian Ernst von Brandenburg-Bayreuth auf diese Not aufmerksam wurde, witterte er die Gunst der Stunde und sandte Agenten nach Genf, um Hugenotten anzuwerben, die sich in Erlangen niederlassen sollten.

Dafür sicherte der Markgraf den Flüchtlingen die Freiheit ihres calvinistischen Glaubens sowie Privilegien und Steuererleichterungen zu. Das tat der Markgraf nicht aus Menschenliebe, sondern weil er sich einen ökonomischen Vorteil vom sprichwörtlichen Fleiß der Hugenotten versprach. Auf seiner Anwerbeliste hatte er es vor allem auf Strumpf- und Bandmacher, Tuchmacher und -scherer, Hut- und Spitzenmacher, Seidenfärber, Büchsenmacher und Kaufleute abgesehen.

Und sie kamen. Mehr als 1.000 Hugenotten trafen im Mai 1686 in Erlangen mit seinen etwa 500 Bewohnern ein. Die verdutzten Erlanger mussten die Flüchtlinge bei sich einquartieren, was sich nicht nur aus Platzgründen schwierig gestaltete. Welcher Einheimische sprach schon Französisch?

Sogleich ließ Christian Ernst die sogenannte Neustadt anlegen. Eine barocke Planstadt mit sich rechtwinklig kreuzenden schnurgeraden Straßen. Die Hauptstraßen maßen etwa 15 Meter in der Breite, die Nebenstraßen 7,5 Meter. Die Häuser hatten dieselbe Höhe und sollten auch dasselbe Aussehen haben. Das klingt zwar verdächtig nach Kaserne, doch so sah damals das städtebauliche Ideal aus. Und die Hugenotten waren froh, überhaupt ein Dach über dem Kopf zu haben. Am 14. Juli 1686 legte man den Grundstein für das spirituelle Zentrum der Neustadt, die Hugenottenkirche. Und zwar im Beisein des gesamten Hofstaats. Ein gutes Jahr später standen bereits an die vierzig Häuser.

Die Hugenotten brachten technische Innovationen wie den bis dato völlig unbekannten Strumpfwirkstuhl mit. Genauer gesagt, sie bauten ihn anhand mitgebrachter Pläne nach. Damit konnten sie viel mehr Strümpfe als in Handarbeit wirken. Besonders gefragt waren Seidenstrümpfe für den Hof. Der Erfolg sprach sich herum. Im Jahr 1700 kamen weitere Reformierte aus der Pfalz nach Erlangen, ebenso ließen sich deutsche Lutheraner dort nieder.

Das Wahrzeichen Erlangens: die 1686 bis 1693 errichtete Hugenottenkirche. Ihr Turm kam aber erst gut 40 Jahre später dazu.

Schließlich war die Stadt so weit gewachsen, dass sich der Markgraf ein Schloss samt Park gönnte und den Aufstieg Erlangens im Schlossparkbrunnen verewigte.

1706 ereignete sich in der Altstadt eine Brandkatastrophe. Ein Heuwagen fing Feuer, die angeschirrten Pferde gingen durch und verbreiteten den Brand durch die Straßen. Allein die Keller überstanden das Inferno. Darum ließ der Markgraf auch die Altstadt nach barockem Muster planmäßig neu aufbauen. Somit besteht das Zentrum Erlangens aus zwei barocken Mustersiedlungen, von denen die Altstadt jünger ist als die Neustadt.

An die Neubürger aus Frankreich erinnern heute die evangelisch-reformierte Hugenottenkirche, der Hugenottenbrunnen im Schlosspark sowie einige französische Namen, wie etwa der des alteingesessenen Cafés Mengin. Eigentlich müsste man es französisch aussprechen. Aber die Gäste bevorzugen in Unkenntnis den deutschen Zungenschlag.

28 Wespennest und Pfahl im Fleisch
Die Festung Rothenberg

Nie haben die Franken Napoleon verziehen, dass er sie dem Königreich Bayern einverleibt hat. Dabei ist der eigentliche Zwist viel älter und manifestiert sich etwa im Kampf um den Rothenberg.

Dreißig Kilometer östlich von Nürnberg liegt Schnaittach. Dort thronte auf dem Rothenberg eine Burg. Diese war ein sogenanntes Ganerbe, sie lag in der Hand eines Verbundes von 44 Rittern, die von dort aus die Goldene Straße zwischen Prag und Nürnberg kontrollierten und Wegezoll verlangten. Das passte den Nürnbergern gar nicht, aber das „Wespennest“ war zu gut befestigt. 1698 ging die Veste auf Bayern über.

Als 1701 der Spanische Erbfolgekrieg zwischen den Spanischen und den Wiener Habsburgern ausbrach, geriet auch Schnaittach in den Brennpunkt. Nürnberg belagerte die Burg 1703 ein halbes Jahr lang, bis sie sich ergab. Zu viel Volk hatte sich in die Veste geflüchtet, sodass die Vorräte zur Neige gingen. Kaum hatten die Nürnberger dem Gegner einen ehrenhaften Abzug gewährt, zerstörten sie das verhasste Bauwerk.

Gerade hatte Kurfürst Max Emanuel von Bayern die Enklave Rothenberg nach dem Friedensschluss 1714 zurückerhalten, ließ er schon die Trümmer abtragen, um Platz für eine Festung zu schaffen. Sein Nachfolger Karl Albrecht gewann den französischen Baumeister Peter de Coquille, der den Rothenberg ab 1729 auf den neuesten Stand brachte. 17 Meter hoch sind die Mauern und sieben Meter dick. Das Tunnelsystem dahinter misst einen Kilometer. So breit waren die Tunnel, dass Fuhrwerke sie durchratterten.

Von sechs Bastionen aus bestrichen die Kanonen das Land rund um den damals kahlen Rothenberg. Eigentlich war die Festung eine Zitadelle, eine Mischung aus Kleinstadt und Kaserne. Die Soldaten lebten mit ihren Frauen und Kindern zusammen. Für sie gab es ein Schulhaus und eine Kirche. Die Bäckerei lag im Keller der Kirche, sodass diese im Winter schön warm war. Die Gebäude maßen zwei Stockwerke und waren mit Kupfer statt mit Ziegeln gedeckt.

1740 kam es wieder zum Krieg. Maria Theresia hatte in Wien den Thron bestiegen, und das wollte Bayern nicht dulden. Dummerweise kniffen Bayerns Verbündete, und auf einmal standen die Österreicher im Land. Diese trieben eine Mine unter die Festung und stopften sie mit Pulver voll. Als der Chefmineur heraustrat, um die Erlaubnis zur Zündung einzuholen, war auf einmal kein Soldat mehr da. In letzter Minute waren französische Truppen angerückt. Die Kommandanten hatten bei ihrer Flucht den Mineur glatt vergessen.

So stak die Festung als „Pfahl im Fleische“ der Reichsstadt Nürnberg für Jahrzehnte. Wobei der Dienst furchtbar langweilig ausfiel: Exerzieren, Wache schieben und Warten auf Dienstschluss. Bis Napoleon anrückte und neue Verhältnisse schuf: 1806 gründete er das Königreich Bayern und zwang Franken und

Hier kommt keiner rein. Dazu müsste man einen Graben und meterdicke Wände überwinden. Oder Minen legen. Inzwischen haben Fledermäuse die Festung Rothenberg auf dem Luftweg erobert.

Bayern zusammen. Was nach Napoleons Niederlage und dem Wiener Kongress auch so blieb. Damit hatte die Festung ihre Bedeutung verloren und diente fortan als Staatsgefängnis. Carl Spitzweg sollte später mit Gemälden wie „Gähnende Wache“ oder „Strickender Wachposten“ (mit Vogelnest im Kanonenrohr) solch überlebten Militarismus karikieren.

Was Kanonen nicht schafften, erledigten Wasser und Frost. Sickerwasser drang in den Kalkstein ein, gefror im Winter und zersprengte das Gemäuer von innen. 1838 befahl König Ludwig I. die Auflösung. Das Kriegsministerium verschleuderte das Inventar, die Bauern brachen Steine für den Hausbau, und Nürnberg stattete mit dem Kupfer seinen ersten Bahnhof aus. Was bleibt, ist die grandiose Aussicht über das Nürnberger Land. Heute dient die Festung als Winterquartier für Mops-, Zwerg- und Wasserfledermäuse.

29 Der Ausbrecherkönig
Weißenburg und die Wülzburg

Washington hat sein Pentagon, Weißenburg ebenfalls. Der Wülzburger Berg trug erst ein Kloster, dann eine Festung mit Schloss, schließlich diente er als Staatsgefängnis der Ansbacher Markgrafen. Und später als Kriegsgefangenenlager mit einem Insassen, der große Karriere machen sollte: Charles de Gaulle.

Das Kloster auf dem Berg hatten die Weißenburger im Zweiten Städtekrieg 1451 geplündert. Nach der Reformation wurde es aufgelöst, die Gebäude verfielen, sodass der Markgraf Georg Friedrich der Ältere von Brandenburg-Ansbach 1588 beschloss, eine Festung zu errichten. Eben im fünfeckigen Grundriss mit kanonenbestückten Bastionen an den Ecken. Doch der große Vorteil der Festung Wülzburg, die Lage auf dem Berg mit weiter Aussicht und freiem Schussfeld, barg einen großen Schwachpunkt: woher das Trinkwasser nehmen?

Im Fall einer Belagerung hätte es genug Regenwasser geben müssen. Also trieb man in sechsjähriger Arbeit einen Brunnenschacht durch den Fels. Mit 143 Metern ist der Wülzburger Brunnen einer der tiefsten Brunnenschächte Deutschlands. Aber nicht allzu rentabel: 40 Minuten dauert es, um per Tretrad einen Eimer aus dem Schacht zu holen. Deshalb legte man im 19. Jahrhundert noch sechs Regenwasserzisternen an.

Kampfkraft ist eine Sache, Diplomatie (oder Bestechlichkeit) eine andere. Im Dreißigjährigen Krieg ergab sich die Festung trotz bester Bewaffnung 1631 dem General Tilly und seiner Kaiserlichen Armee. Dafür belagerten dann die Schweden die Festung. Und bissen sich an ihr die Zähne aus. Im 18. Jahrhundert nutzte der „wilde Markgraf" Carl Wilhelm Friedrich die Wülzburg, um unliebsame Zeitgenossen auf unbestimmte Zeit einzukerkern. Dem absoluten Herrscher durfte niemand dreinreden. Wer es dennoch wagte, lief Gefahr, von der Bildfläche zu verschwinden.

So traf es den jüdischen Finanzier Elkan Fränkel, den markgräflichen Beichtvater Christoph Christian Händel, den Hofmaler Johann Carl Zierl und eine Mätresse, die sich offenbar den Wünschen ihres Gebieters verweigert hatte. Noch im 19. Jahrhundert, als Franken zu Bayern gefallen war, büßte in der Festung der Publizist und Politiker Friedrich Rohmer wegen „Beleidigung der Obrigkeit" für seine Aufsässigkeit.

Im Deutsch-Französischen Krieg 1870/71 sowie in beiden Weltkriegen diente die Wülzburg als Internierungslager für Kriegsgefangene. Der prominenteste Häftling des Ersten Weltkriegs war ein standhafter hochgewachsener Offizier, Capitaine Charles de Gaulle. Als er 1918 auf die Wülzburg kam, hatte er bereits drei Fluchtversuche aus Ingolstadt und der Festung Kronach hinter sich. Die Wülzburg galt als Bayerns sicherste Festung. Eine These, die de Gaulle schnell widerlegte. Die erste Flucht gelang ihm mit dem billigsten Trick überhaupt: Ein

Es gibt hässlichere Gefangenenlager als die Wülzburg. Hier hätte man das Ende des Ersten Weltkriegs gemütlich abwarten können.

Mithäftling zog sich eine deutsche Offiziersuniform an und gemeinsam mit dem französischen Lagerpfarrer geleitete er den Capitaine in dessen französischer Uniform zum Ausgang. Die Wachen glaubten an eine normale Verlegung in ein anderes Lager, salutierten und öffneten anstandslos das Tor.

Beim zweiten Versuch verkroch sich de Gaulle in einem Korb voller Schmutzwäsche, der in eine Weißenburger Reinigung gekarrt wurde. Erkannt und eingefangen wurde der Flüchtling jedesmal im Zug. Zwar ging der Capitaine verräterischen Gesprächen aus dem Weg, indem er mittels eines Taschentuchs an der Backe Zahnschmerzen vortäuschte. Doch gegen seine Körpergröße und die imposante Nase, Lieblingsmerkmal späterer Karikaturisten, war auch er machtlos, sodass die Gendarmen ihn sogleich erkannten. Heute erinnert eine Tafel im Haupteingang an den damaligen Capitaine, späteren General und französischen Staatspräsidenten.

30 Eine geniale Wasserkunst
Schillingsfürst und sein Pumpwerk

Vor das Bein! Nichts tut sich. Vorbeugen, am Geländer festhalten und treten. Jetzt weicht der Boden unter dir zurück, der zweite Schritt geht schon leichter, beim fünften Schritt erreichen wir Laufgeschwindigkeit. Ist dies eine Tretmühle? Nein, schlimmer: Dies ist ein Ochsentretscheibenpumpwerk.

Am Ende des 17. Jahrhunderts baute Graf Philipp Ernst zu Hohenlohe-Waldenburg-Schillingsfürst seine Burg zu einem Barockschloss um. Die Aussicht vom Berg in die Hohenloher Ebene war zwar sagenhaft, doch woher sollte das Wasser kommen? Einen Brunnen zu bohren kam zu teuer. Doch eineinhalb Kilometer vom Schloss entfernt sprudelte eine „heilige Quelle". Heilig, weil sie auch in heißen Sommern nicht versiegte. Das lag an der Geologie: In einigen Metern Tiefe befindet sich eine wasserundurchlässige Lehmschicht, sodass sich das Sickerwasser an diesem einen Punkt konzentriert und zutage tritt.

Erst fing man das Quellwasser in Eimern auf und karrte es zum Schloss. Da verfiel der Fürst auf die Idee einer Wasserleitung. Hierzu wandte er sich an den Nürnberger Stadtrat. Der hatte einen Meister „in hydraulicis", den Wasserbaumeister Martin Löhner (1636–1707). Es war eine heikle Mission, die viel diplomatisches Fingerspitzengefühl erforderte.

Denn Löhner gehörte zu Nürnbergs wichtigsten Geheimnisträgern. Die Wasserversorgung war das A und O von Stadt und Burg, erst recht im Kriegsfall. Zwar gab es Ziehbrunnen und die Pegnitz, doch das Wasser floss durch Leitungen und kommunizierende Röhren. Wo genau die Wasserleitungen verliefen, war Staatsgeheimnis. Stand eine Renovierung oder ein Ausbau an, so legte der Wasserbaumeister die Pläne nur dem innersten Rat vor. Alle anderen Ratsleute mussten den Saal verlassen.

Das Wissen darum blieb Familiengeheimnis, die Kunst ging vom Vater auf den Sohn über. So ging das über Generationen. Martin Löhner war erst 15 Jahre alt, als sein Vater starb. Dennoch gab der Rat ihn bei anderen Wasserbaumeistern in die Lehre, bis er die Kunst beherrschte und in den Dienst seiner Stadt trat. Bald rissen sich Fürsten und Schlossherren um ihn zwecks Installationen von Leitungen und Wasserspielen, doch der Stadtrat knurrte, „er solle sich des so vielmahl hinwegreissens künfftig enthalten, hingegen aber seines Ambts fleissig abwarten".

Die Diplomatie hatte Erfolg, 1702 ging Löhner leihweise nach Schillingsfürst. Dort errichtete er über dem Quellbecken ein turmartiges Brunnenhaus. Vier Meter über dem Reservoir befindet sich der Arbeitsraum. Diesen Raum füllt eine Holzscheibe aus, auf der zwölf Stunden am Tag ein Ochse trottete. Damit es der Ochse leichter hatte, ist die Scheibe um sechs Grad geneigt. Von der Nabe reicht ein Wellbaum in die Tiefe, dessen Drehung ein Kammrad mit 66 Zähnen in Gang setzt, das wiederum eine dreifache Kurbelwelle betätigt, die wiederum drei Pumpen

Unter der Ochsentretscheibe setzt der Wellbaum das Kammrad in Bewegung, das wiederum die Pumpen antreibt. Dieses mehr als 300 Jahre alte Pumpwerk ist in Deutschland einzigartig.

antreibt. Der Ochse musste neun bis zwölf Zentner wiegen. Zwei Stunden Laufzeit absolvierte das angeleinte Tier, dann übernahm ein Kamerad. Der Trott auf der Scheibe entsprach etwa der Zugkraft vor dem Pflug. Blieb der Ochse stehen, drehte sich die Scheibe gemäß ihrer Neigung etwas zurück. Dann zog sich das Halsband zu, während hinten ein Stachelbaum dem Ochsen in die Kniekehlen piekste. So förderte das Pumpwerk 40 Liter Wasser pro Minute, die per Röhrenleitung zum Schloss flossen und zudem die Gärtnerei und die Brauerei versorgten.

Von 1702 bis 1923 tat das Werk seinen Dienst, bis man einen Elektromotor einbaute. Der erwies sich aber als störanfälliger denn die Ochsen. Nach einer Zeit der Vergessenheit besann sich Schillingsfürst seines historischen Technikdenkmals. Heute kann man es bestaunen, sich selbst zum Ochsen machen und Wasser pumpen.

31 Im Abendrot des Absolutismus
Die Residenz Ansbach und Alexander

Schlösser erstehen und sinken wieder in Schutt und Asche. Andere erfahren vielfältige Umgestaltungen, vereinigen sogar einen Mischmasch an Stilen unter einem Dach. Und wieder andere bleiben stilrein erhalten. Wie etwa die Residenz Ansbach.

Dies ist einem glücklichen historischen Umstand zu verdanken, nicht frei von Tragik wie Komik. Schuld daran ist der letzte fränkische Markgraf der Hohenzollern, Christian Friedrich Carl Alexander. 1736 geboren, litt er (wie auch sein Onkel Friedrich II. von Preußen) unter einem despotischen Vater. Alexander war eher nach der Mutter geraten, Friedrichs Schwester Friederike Louise. Der Thronfolger genoss eine umfassende Bildung, die er in Utrecht vervollkommnete und während seiner Kavalierstour durch Italien abschloss.

In Venedig legte der Jüngling eine Reifeprüfung ganz eigener Art ab ... Dort zog er sich eine galante Krankheit zu. War es die Syphilis? Jedenfalls waren Alexander trotz baldiger Vermählung mit Friederike Caroline von Sachsen-Coburg keine Nachkommen beschieden. Des Prinzen Erzieher Johann Georg Meyer musste dafür bitter büßen. Vater Carl Wilhelm Friedrich warf ihn in den Kerker.

Als der Vater 1757 mit 45 Jahren einem Schlaganfall erlag, trat Alexander mit 21 Jahren die Herrschaft über das Markgraftum Ansbach an. Für eine Thronbesteigung sehr früh, für Ansbacher Verhältnisse eher spät. Keiner seiner Vorfahren hatte sich in reiferem Alter als Alexander auf den Thron gesetzt, keinem auch war eine Regierungszeit von 34 Jahren vergönnt.

Als aufgeklärter Monarch verstand sich Alexander im Sinne seines Onkels als erster Diener im Staat. Er schaffte 1772 als einer der ersten Regenten die Folter ab, gründete auch eine Porzellanmanufaktur, die bis 1860 bestehen sollte. Allerdings verschacherte er auch zwei Bataillone an England, um die amerikanischen Rebellen in ihre Schranken zu weisen.

Wohl fühlte Alexander sich daheim nicht. Jedes Jahr ging er auf Reisen nach England, Frankreich und Italien. Die Gemahlin schob er auf Schloss Unterschleißheim ab, wo schon seine Mutter ihr Alter dahingebracht hatte. Dafür hielt ihn die 13 Jahre ältere französische Tragödin Hippolyte Clairon 17 Jahre lang auf jegliche Art bei Laune. Nach ihr heißen in Ansbach spezielle Brötchen: Clairon-Weck oder „Klärungs-Weckla", ein Brötchen mit einer Kerbe in der Mitte, das angeblich Madames Kehrseite nachbildet. Als der Markgraf auch Madame Clairons überdrüssig ward, verfiel er einer adeligen Engländerin, Lady Elizabeth Craven. Diese nun war 14 Jahre jünger als ihr Galan.

Da trotz heroischer Anstrengungen sich keine Kinder einstellten, war das Markgraftum Ansbach durch die Erbfolge an Preußen versprochen. Warum sollte der Herrscher bis zu seinem Tod warten? Umso mehr, als er seit der Französischen Revolution das Ende des Reiches vorausahnte? Auf Zureden Lady

Breit und massig präsentiert sich die Ansbacher Residenz.
Heute residiert dort die Regierung von Mittelfranken.

Cravens schloss Alexander Geheimverträge mit Preußen, zog heimlich still und leise von dannen, dankte am 2. Dezember 1791 in Bordeaux ab und begab sich nach England, wo er am 5. Januar 1806 verschied. Gerade einen Monat nach Napoleons Triumph bei Austerlitz.

Im Februar 1806 besetzten die Franzosen Ansbach und gliederten das Fürstentum dem Königreich Bayern ein. Da kein Regent mehr das Schloss bewohnte, gab es auch keinen, der irgendwelche Umbauten im neuen Zeitgeschmack anordnete. So blieben Barock und Rokoko über die Zeitläufte erhalten. In dieser Residenz tüftelte 1796 Maximilian von Montgelas das „Ansbacher Memoire“ aus, um Bayerns Verwaltung zu modernisieren. Nun wurden Ministerposten an Kandidaten entsprechend ihrer Begabung und nicht ihrer Abkunft wegen vergeben. Ebenso wurde das Zivil- und Strafrecht reformiert, die allgemeine Schulpflicht eingeführt und der Presse mehr Freiheit gewährt.

32 Leben für die Jagd und die Liebe
Landwirtschaft in Triesdorf

Wozu die Hobbys der Adeligen doch gut sind: Von einem jagdbesessenen Markgrafen erbaut und von dessen Nachfolger verschönert, um der holden Angebeteten zu schmeicheln, bilden die Schlossanlagen bei Triesdorf heute eine der ältesten landwirtschaftlichen Lehranstalten in ganz Deutschland.

Triesdorf ist nur ein kleines Nest, ein Ortsteil der Gemeinde Weidenbach, 13 Kilometer südöstlich von Ansbach. Und doch ist Triesdorf ein Hochschulstandort. Der kleinste in ganz Deutschland bei einer Einwohnerzahl von etwa 170 Seelen. Doch landschaftlich wie architektonisch einer der attraktivsten. Denn was die Ansbacher Markgrafen einst dorthin gesetzt haben, sucht seinesgleichen: 26 Gebäude, darunter das Weiße und das Rote Schloss, Pavillons und andere Lusthäuschen, außerdem Vieh- und Pferdeställe.

Schuld daran sind die Leidenschaften. Der vorletzte absolutistische Markgraf Carl Wilhelm Friedrich (genannt „Der wilde Markgraf") saß in seinen 28 Regierungsjahren von 1729 bis 1757 lieber im Sattel als auf dem Thron, wobei er die Falkenjagd pflegte. Falken brauchen natürlich Beutevögel. Also hielt der wilde Markgraf beim Schloss Triesdorf, das er wie ein Sonnenkönig als kleines fränkisches Versailles ausstattete, Fasanen in eigenen Gebäuden.

Sein Sohn Alexander, der die Jagdleidenschaft geerbt hatte, ließ ganze Herden an Wild in den Gehegen heranfüttern, um sie dann freizulassen, durch Feld, Wald und Wiese zu hetzen und zur Strecke zu bringen. Damit nicht genug, verfiel Alexander der Engländerin Lady Elizabeth Craven, heiratete sie in zweiter Ehe und gestaltete Triesdorf zu einem Anwesen im englischen Stil um mit Pavillons, einem Teich mit künstlicher Insel sowie Bade- und Schäferhäuschen. Sehr zum Ingrimm der Bevölkerung, die für das Herbeischaffen des Baumaterials Frondienste leisten musste. Auch sehr zur Verzweiflung des Schatzmeisters, der nicht mehr wusste, wie das ohnehin überschuldete Fürstentum Brandenburg-Ansbach diese Ausgaben stemmen sollte.

Doch Triesdorf diente nicht allein dem persönlichen Pläsier. Um die Landwirtschaft seines Fürstentums Brandenburg-Ansbach zu verbessern, hatte der wilde Markgraf 1740 holländisch-friesische Rinder, die mehr Fleisch und Milchleistung erbrachten, importiert. Deren Nachwuchs verteilte der Markgraf unter seinen Bauern, doch erwiesen sich diese Tiere als ungeeignet zum Karrenziehen. Auch lag Carl Wilhelm Friedrich die Pferdezucht sehr am Herzen.

Mehr Erfolg mit dem Vieh hatte sein Sohn Alexander, der Zuchtstiere aus dem Berner Oberland einführte und mit ihnen die Triesdorfer Rasse begründete. Ebenso kümmerte er sich um die Schafzucht, indem er Merinoschafe aus Spanien importierte, die damals die wertvollste Wolle lieferten. Dazu versuchte er sich in der Zucht von Seidenraupen.

Nach Alexanders Abdankung 1791 fiel Triesdorf erst an Preußen, dann an

Wohl die schönste und am engsten naturverbundene Universität Deutschlands ist das ehemalige Schloss von Triesdorf mit seinen Gehöften.

das Königreich Bayern. Dieses verfügte in Franken nun über ein schönes Gestüt mit Schaf- und Rinderzucht. Doch erst 1848 entschloss man sich dazu, die Königlich Bayerische Kreisackerbauschule ins Leben zu rufen, die heute als Landwirtschaftliche Lehranstalten firmiert. Die Schule gebietet heute über 112 Hektar Acker und 60 Hektar Wiese sowie je sechs Hektar an Teichen wie an Obstwiesen und vier Hektar Wald. Hinzu kommen Schweine, Merinoschafe, für deren Fortbestand sechs Widder sorgen, Bienenvölker, Milchkühe mit Lehrmolkerei und eine Brennerei.

In Triesdorf lernen heute mehr als 2.000 Studenten Landwirtschaft und Landschaftsarchitektur, außerdem Wald- und Forstwirtschaft, Umwelt- und Bio-Ingenieurwissenschaft. Als Knotenpunkt in der Ausbildung „Grüner Berufe" steht Triesdorf heute in ganz Deutschland einzigartig da.

33 Gedenkminute für den Dachs
Bechhofen und die Pinsel

Alles muss der Künstler selber machen: Farbsteine zu Pulver zermahlen, es mit Öl anrühren und dann den Pinsel schwingen. Den hatten Dürer, Cranach und Grünewald ebenfalls selbst gebastelt. Den Beruf des Pinselmachers gibt es in Deutschland erst seit dem 18. Jahrhundert. Sein Zentrum ist heute noch Bechhofen.

Vor dem Pinsel gab es Bürste und Besen. Dafür band man Reisig und Zweige um einen Stiel und schrubbte los. Nach diesem Prinzip funktionierten auch die Pinsel, die schon in der Steinzeit an Höhlenwänden zum Einsatz kamen. Indes, wo Besenbinder ihre Erzeugnisse feilboten, mussten Kunstmaler wie Anstreicher für ihr Werkzeug selbst sorgen. Eine erste Gebrauchsanweisung für das Basteln von Malerpinseln verfasste der Künstler Cennino Cennini um das Jahr 1400.

Am Ende des 18. Jahrhunderts entstanden im Schwarzwald und im Erzgebirge erste Zentren der Produktion von Bürsten. Von der massenhaften Bürsten- bis zur Pinselherstellung war es dann nur noch ein kleiner Schritt. Um 1800 ließ sich der erste Pinselmacher in Bechhofen nahe Gunzenhausen nieder. Bald entstanden dort Manufakturen. Heimwerker verdienten sich mit dem Pinselbasteln und mit dessen Vorarbeiten ein Zubrot.

Im Grunde ist der Pinsel eine einfache Sache. Er besteht aus dem Stiel, der Zwinge und dem Borstenkopf. Das eigentlich Diffizile daran sind die Haare oder Borsten, von denen Qualität und Verwendung abhängen. Hierbei unterscheidet man drei Sorten von Borsten: tierische, pflanzliche und synthetische. Letztere wie Perlon oder Nylon werden besonders für Zahnbürsten und Kosmetikpinsel verwendet.

Während man sich früher mit Pflanzenfasern wie Birkenreisig, Besenginster und Heidekraut für Besen und Bürsten begnügte, importiert man heute tropische und widerstandsfähigere Gewächse wie Reisstroh, Fiber und Piassava. An Tierhaaren nimmt man Schweifhaare vom Pferd, aber auch von Marder oder Ziege, Haare vom Eichhörnchenschweif oder von Rinderohren.

Als Erstes steht die Reinigung an. Dazu wird der Schweif mit Sägemehl geschleudert und mit klarem Wasser gewaschen, danach werden die Haare ausgekämmt, zugeschnitten, getrocknet, sortiert, zusammengefasst und ausgerichtet, und nach dem letzten Waschen und Trocknen werden sie in die Zwinge des Pinsels gefasst. Dies ist der kniffligste Teil der Arbeit.

Trotz der Industrialisierung ist die Herstellung hochwertiger Pinsel bis heute noch ein Handwerk, das viel Fingerspitzengefühl erfordert und in der Fabrik oder in Heimarbeit geleistet wird. Die Arbeit zu Hause war im 19. Jahrhundert ein Nebenerwerb für Frauen, Kinder und Alte, die in der Küche oder in der Kammer tätig waren. Zum Trocknen der Haarbüschel gingen die Heimwerker zum Bäcker und nutzten die Nachwärme seines Backofens.

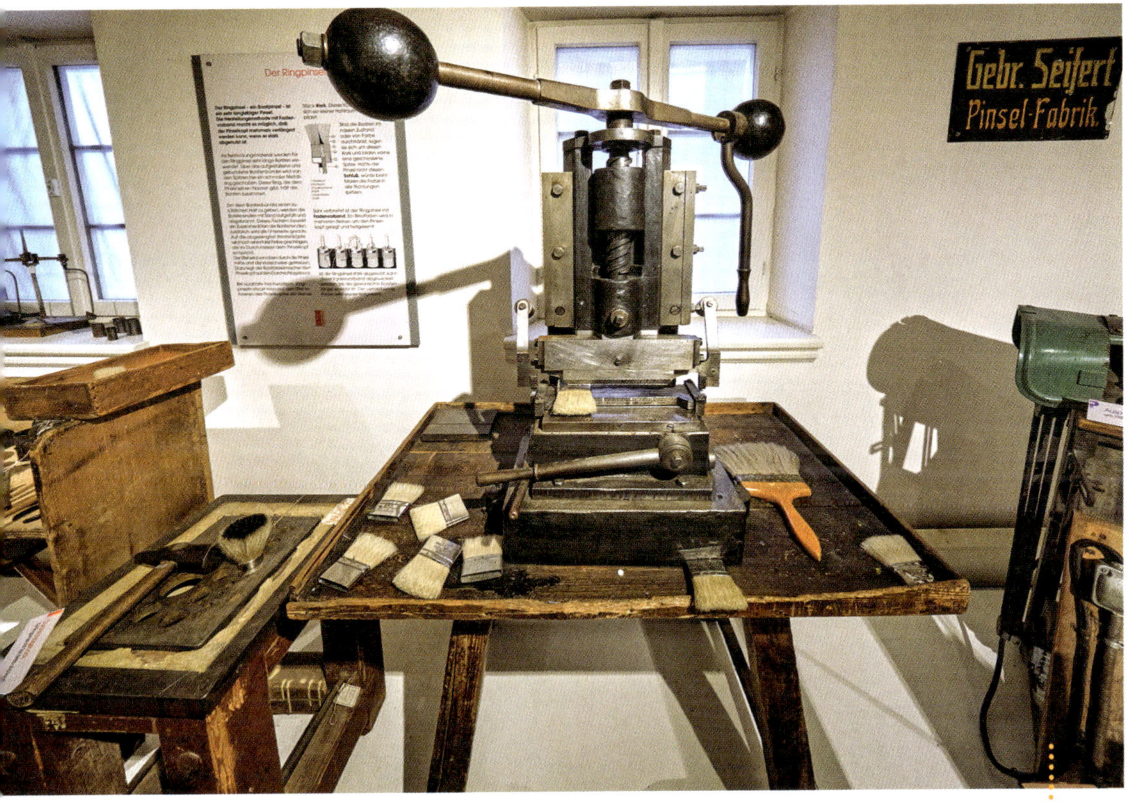

Mit solch einer Maschine werden die Borsten der Ringpinsel zusammengeschnürt.

Reich wurde man damit nicht. Zwar stellte der Fabrikant das Material, dennoch war ein Arbeitstag von bis zu vierzehn Stunden keine Seltenheit. Zudem bestand die Gefahr, sich durch die Tierhaare einen Milzbrand einzufangen, der unbehandelt zum Tod führen konnte. Und Medizin war teuer. Weshalb der Bechhofener Stadtarzt Pinselbastler und deren Familien kostenlos behandelte. Erst die Desinfektion und rigorose Kontrollen beim Import sorgten für Abhilfe.

Neben Pinseln für Künstler und Malermeister werden Kosmetikpinsel fürs Gesicht gefertigt, etwa zum Nachziehen der Augenbrauen. Und zum Rasieren. Ein riesiges Sortiment zeigt Deutschlands einziges Pinselmuseum in Bechhofen, wo sich auch die einzige Berufsschule für Pinselhersteller befindet. Falls Sie also morgens zum Rasierpinsel greifen, legen Sie bitte eine Gedenkminute für den Dachs ein, der seine Haare für Ihre Bartstoppeln geopfert hat.

34 Schöner Schein durch edlen Draht
Abenberg und die Klöppelschule

Wie die Uniformen glänzen und blitzen! Wie gülden das Kreuz im Ornat des Erzbischofs leuchtet! Wie das Dekolleté der Fabrikantengattin in der Opernloge glimmt! Nämlich mittels goldenen Spitzenbesatzes. Ein solcher Glanz war in der zweiten Hälfte des 19. Jahrhunderts den Bauersfrauen aus dem Städtchen Abenberg zu verdanken.

Die Kunst des Klöppelns ist wahrscheinlich in Venedig entstanden. In Deutschland wird diese Technik erstmals um 1550 im Erzgebirge verzeichnet. In Mittelfranken pflegten die Nonnen des Klosters Marienburg in Abenberg die Kunst des Leinenklöppelns, die sie erst weltlichen Damen, dann auch Bauersfrauen und Mädchen vermittelten. Mit Spitzenbesätzen verzierte man Kragen und Ärmel, aber auch Tischdecken und Bettwäsche und vor allem Altardecken.

Im 16. Jahrhundert ließ sich ein Hugenotte aus Lyon in Nürnberg nieder, der die Kunst des Drahtziehens beherrschte. Aus dem Lyonischen wurde im Volksmund bald das Leonische, woraus schließlich die heute noch existierenden Leonischen Drahtwerke ihren Namen bezogen. Anfang des 19. Jahrhunderts gelang es den Drahtziehern, superdünne Gold- und Silberfäden herzustellen. Um 1830 lernte eine Klöpplerin aus Abenberg die Kunst, mit Metallfäden zu klöppeln. Da Abenberg nicht weit von Nürnberg, Weißenburg, Treuchtlingen und Allersberg liegt, wo überall Drahtwerke ansässig waren, bot es sich an, den Abenberger Bäuerinnen die Kunst des Goldklöppelns zu vermitteln.

Abenberg, an der gleichnamigen Burg gelegen, war im 19. Jahrhundert eine bettelarme Kleinstadt. Das Spitzenklöppeln war ein Zuverdienst, den man in den Abendstunden und vor allem im Winter praktizierte. Dabei war das Klöppeln keine reine Frauenarbeit, im Winter setzten sich auch die Buben und Männer, so sie denn dünne Finger hatten, ans Klöppelkissen. In Spitzenzeiten schufteten an die 700 Personen Nacht für Nacht. Die Abenberger Buben und Mädchen lernten diese Kunst von Kindesbeinen an, erst von ihrer Mutter, dann in der Klosterschule.

Dabei gab es eine handwerkliche Hierarchie. Wer von Leinen- auf Metallspitze umsatteln wollte, begann zuerst mit der „unechten Spitze“, das waren Fäden aus minderwertigem Metall. Wer sich bewährte, rückte auf zur „halbechten Spitze“, deren Metallfäden versilbert oder vergoldet waren. Wer auch hier fehlerfreie Arbeit ablieferte, durfte „echte Spitze“ mit Fäden aus echtem Silber oder Gold klöppeln. Königs- und Fürstenhöfe rissen sich um solche Verzierungen, ebenso Bischöfe und Rabbiner.

Die Arbeit war anstrengend. Stundenlang saßen die Frauen auf ihrer Bank, oft bei unzureichendem Licht. Auf dem Klöppelkissen war mit Stecknadeln der Klöppelbrief befestigt, der das Muster der Spitze haarfein vorgab. Dessen Linien und Knotenpunkten folgten die Klöpp-

Lust auf Klöppeln? Hier ist alles bereit: Kissen mit vorgezeichnetem Brief und Dutzenden von Klöppeln und Fäden.

lerinnen, zogen die Fäden, verklöppelten sie und fixierten die Knotenpunkte mit Stecknadeln. Hatte man erst in die Routine hineingefunden, war dies fast schon eine meditative Arbeit.

Davon profitierten die Zwischenhändler, die von den Firmen die Aufträge erhielten, die Arbeit an Bäuerinnen und Mägde weiterreichten, die Ware scharf kontrollierten und sich dumm und dämlich verdienten. Erst die 1913 in Abenberg gegründete Klöppelschule ermöglichte den Frauen bessere Arbeitsbedingungen und eine bessere Bezahlung. Jeden Nachmittag fand man sich für drei bis vier Stunden in der Klöppelschule ein, wo eine Nonne das Regiment führte.

Nach dem Zweiten Weltkrieg war handgefertigte echte Spitze nicht mehr gefragt. Heute ist die Klöppelei nurmehr ein Hobby, für das es in Abenberg immer noch eine eigene Klöppelschule gibt. Und im Klöppelmuseum auf der Burg Abenberg kann man historische Borten und sogar schwarze Spitzenkleider von früher bewundern.

35 Grüße aus der Steinzeit
Solnhofen und die Lithografie

Ein Dorf am südlichsten Zipfel Mittelfrankens ist weltweit bekannt für sein Gestein. Ohne den Solnhofener Plattenkalk gäbe es keine Lithografie. Außerdem birgt der Kalk Grüße aus der Steinzeit: hervorragend erhaltene Skelette von Fischen und Pflanzen. Und den ältesten Vogel.

Schon die Römer hatten den Boden einer Villa bei Weißenburg mit Solnhofener Plattenkalk ausgelegt. Doch weltweit bekannt wurde Solnhofen erst durch Alois Senefelder (1771–1834). Der verhinderte Theaterdichter wollte seine Dramolette in Eigenproduktion drucken und experimentierte mit Steinplatten und Druckpressen. 1798 zeichnete Senefelder Linien und Punkte auf der Ebene einer Platte so auf, dass diese Stellen Farbe annahmen und abgaben, während die übrige Fläche keinerlei Farbe annahm noch abgab. Die Lithografie war geboren! Der Zufall wollte es, dass diese Platte ein Kalkstein aus Solnhofen war. Der besonders feinkörnige Stein erwies sich als das beste Arbeitsmaterial vor allen anderen Gesteinen.

Was ist das Besondere an diesem Plattenkalk? Vor Jahrmillionen war die Solnhofener Gegend eine Lagune mit flachen Becken, in denen sich nach und nach mehrere Schichten feinsten Schlamms absetzten. Im Lauf der Zeit verfestigte sich der Schlamm zu einem Plattenkalk von besonderer Reinheit.

Nun war die Erfindung zwar vollbracht, doch erst Mozart und Napoleon verhalfen der Pioniertat zum Durchbruch. Der Musikverleger Johann Anton André hatte Mozarts musikalischen Nachlass erworben, tat sich mit Senefelder zusammen und publizierte die Partitur der Mozart'schen Klavierkonzerte per Lithografie. Das kostete achtzig Prozent weniger als per Kupferstich. Napoleon, der sich 1806 das Heilige Römische Reich Deutscher Nation einverleibt hatte, sandte eine Kommission Stabsoffiziere in Senefelders Werkstatt. Fortan entstanden Pässe und Formulare für das Steuerkataster auf dem Weg der Lithografie. Senefelder wurde gar zum Inspektor der staatlichen Druckerei der Bayerischen Steuerkommission ernannt.

Im Drang, seine Erfindung zu optimieren, erfand Senefelder den Öldruck, schrieb ein Buch über die Kunst der Lithografie und förderte so eigenhändig seine Konkurrenz. Künstler wie Daumier, Géricault, Toulouse-Lautrec und sogar der alte Goya stürzten sich auf den Flachdruck, der sich mit seinen nuancierten Abstufungen von Licht und Schatten als das ideale Medium für die malerische Romantik erwies. Das 19. Jahrhundert war die große Zeit der Lithografie und der Solnhofener Steinbrüche, bis der Offsetdruck diese Kulturtechnik für den Massengebrauch ablöste. Es bleibt immer noch die Kunst moderner Lithografen wie Paul Wunderlich oder Mario Derra, der 2002 in einem Solnhofener Steinbruch die größte Lithografie der Welt (11,20 x 1,25 m) erstellte.

In diesen Steinbrüchen stießen Arbeiter immer wieder auf Relikte aus der Urzeit,

Das Denkmal für Alois Senefelder von 1845 zierte zuerst den Park eines Pariser Lithografen, der dem Erfinder somit seine Ehre erwies. Heute steht es ganz in der Nähe des Urweltmuseums von Solnhofen.

die im Bürgermeister-Müller-Museum zu bewundern sind: Skelettabdrücke von Ichthyosauriern, Schildkröten, Korallenfischen, Ammoniten und Panzerkrebsen, aber auch von Farnen. Besonders eindrucksvoll ist eine Steinplatte mit einem Schwarm von Knochenfischen.

1860 fand man eine Platte mit dem Abdruck einer Feder. Dies war der erste Hinweis auf den Urvogel, den Archaeopteryx. Die bislang zwölf bekannten Skelettabdrücke des Urvogels (der erste Fund datiert von 1861, der letzte aus dem Jahr 2010) stammen allesamt aus den Steinbrüchen um Solnhofen und Eichstätt. Einen fand man sogar in einem Hobby-Steinbruch. Diese Steinbrüche stehen Amateur-Paläontologen unter Beachtung von Sicherheitsauflagen weiterhin offen. Wer weiß: Vielleicht gelingt einem Amateur ja noch ein Jahrhundertfund, so wie Senefelder eine Jahrhundert-Entdeckung gemacht hat?

36 Ein Rätsel seiner Zeit
Kaspar Hauser und Ansbach

Auf einem Gedenkstein im Ansbacher Hofgarten steht: „Hic occultus occulto occisus est" – „Hier wurde ein Geheimnisvoller auf geheimnisvolle Weise getötet." Der Geheimnisvolle ist Kaspar Hauser. Doch an dieser Stelle ist er nicht gestorben. Sondern in seinem Haus in der Pfarrstraße.

Um Kaspar Hauser wird in Ansbach großes Aufhebens gemacht. Alle zwei Jahre finden hier die Kaspar-Hauser-Festspiele statt, unter der Federführung der Anthroposophen, die den Findeljungen als einen Säulenheiligen ihrer Weltanschauung betrachten.

Wer war Kaspar Hauser? Da bislang unumstößliche Beweise ausstehen, sind nur Vermutungen möglich. Unversöhnlich stehen sich zwei Lager gegenüber: die Anhänger der Erbprinzentheorie und die Skeptiker, die in ihm einen Bluffer oder aber einen psychisch Kranken erblicken.

Die Erbprinzentheorie besagt, dass der am 29. September 1812 geborene badische Erbprinz gegen ein sterbenskrankes Baby ausgetauscht und dann für tot erklärt worden sei. Der wahre Prinz habe jahrelang in einem Keller geschmachtet und sei der junge Mann gewesen, der 1828 unter dem Namen Kaspar Hauser in Nürnberg auftauchte.

Mit seiner Mischung aus Bildung und Unwissen sowie einer stupenden Naivität, die sofort für ihn einnahm, verblüffte der etwa 16-Jährige Beamte und Würdenträger. Von Mentoren umworben und weitergereicht, gelangte Hauser 1829 nach Ansbach, wo er bei einem Lehrer unterkam. Im selben Jahr erlitt er eine ominöse Schnittwunde, am 14. Dezember 1833 schleppte er sich mit einer Stichwunde im Leib vom Hofgarten nach Hause, wo er drei Tage später seiner Verletzung erlag. Offenbar ein Attentat.

Das klingt fantastisch. Wer schon damals daran zweifelte, sah in Hauser einen Bluffer und Betrüger. Oder einen hirngeschädigten Idioten. Hätte aber ein Betrüger, gar ein retardierter Mensch diese Wirkung erzielt? Moderne Forscher haben eine andere Theorie aufgestellt, die in ihrer Komplexität ihr eigenes Faszinosum entfaltet.

Demnach ist Kaspar ein Waisenkind gewesen, das im Sommer mit Vagabunden umherzog und in Allgemeinschulen überwinterte, wo er seine lückenhafte Bildung erwarb. Mit einer Mischung aus Bauernschläue und Überlebensinstinkt gesegnet, habe er intuitiv die Erwartungen der Fragesteller erfüllt. Womöglich war Kaspar Hauser ein Musterfall von Pseudologia phantastica. Davon Betroffene erzählen unglaubliche Geschichten mit der Inbrunst der Überzeugung, da sie Lüge und Wahrheit nicht zu unterscheiden vermögen. Darum wirken sie überzeugender als Betrüger, die sich in Mimik und Gestik ungewollt verraten. Die Stichwunde würde Kaspar sich demzufolge selbst beigebracht haben, um aufs Neue Aufmerksamkeit zu erregen. Leider mit ungewollt tödlichem Ausgang.

Natürlich schossen auch im Lager der Skeptiker die Theorien ins Kraut. Mal war Kaspar Hauser der Sohn eines österrei-

Sein Geheimnis hat Kaspar Hauser mit in sein blumengeschmücktes Grab genommen.

chischen Pfarrers, mal anderer Herkunft. Hausers Pockenimpfnarben deuten auf seine Herkunft aus Bayern, das als erstes Land 1807 die Zwangsimpfung gegen Pocken eingeführt hatte, während das Großherzogtum Baden noch jahrelang zögerte. Widerlegt ist Hausers angeblich mehrjährige Existenz im Keller: Entsetzliche Fälle von Hospitalismus und Verwahrlosung in der Gegenwart offenbaren, auf welchem Niveau ein derart vernachlässigtes Kind für den Rest seines Lebens dahinvegetiert.

Es bleiben der damalige Obduktionsbericht, ein DNA-Abgleich aus neuester Zeit, der die Erbprinzentheorie nicht bestätigte, viele Romane und der Film „Jeder für sich und Gott gegen alle“, den Werner Herzog 1974 in Dinkelsbühl drehte. Und schließlich der Grabstein auf dem Ansbacher Friedhof mit dem endgültigen Epigramm: „Aenigma sui temporis, ignota nativitas, occulta mors.“ Also: „Ein Rätsel seiner Zeit, unbekannt die Herkunft, geheimnisvoll der Tod.“

37 Ein Nachruf für die Ewigkeit
Die Kindertotenlieder und Erlangen

Kein Grab ist für die Ewigkeit bestimmt, außer auf jüdischen oder historischen Friedhöfen. Oder bei Herrschern und Künstlern. Für die gewöhnlichen Sterblichen heißt es: Nach einer Generation wandern die Knochen ins Beinhaus, und ein neuer Bewohner wird ins Grab herabgelassen. Und doch gibt es Ausnahmen.

Kindergräber aus dem 19. Jahrhundert sind eine Seltenheit. Auf dem Neustädter Friedhof in Erlangen ist sogar ein Doppelgrab zu besichtigen. Man muss nicht lange suchen. Hat man die Pforte an der Äußeren Brucker Straße durchschritten und die Friedhofskapelle umrundet, steht man vor einer von Efeu umschlungenen Stele, einem wild wuchernden Gebüsch und einer kleinen Tafel mit einem Gedicht. Stets liegen frische Blumen an der Ruhestätte. Hier sind seit bald 200 Jahren die Kinder Ernst und Luise begraben, zwei von sechs Kindern des Paares Friedrich und Luise Rückert.

Was ist daran so besonders? Nicht der Tod allein. Ernst und Luise Rückert waren beide an der Jahreswende von 1833 auf 1834 im Alter von fünf bzw. drei Jahren dem Scharlach erlegen. Scharlach war damals eine der tödlichsten Kinderkrankheiten, die immer wieder epidemisch auftrat. Wirksame Heilmittel gab es noch nicht, und die Medizin richtete oft mehr Schaden als Nutzen an. Überleben war Glückssache.

Das Kindersterben war eine alltägliche, fatalistisch hingenommene Realität. Man vergoss offen oder versteckt seine Tränen, ging in die Kirche, tröstete sich mit dem Glauben. Und irgendwann fand man sich damit ab. Anders Friedrich Rückert. Der Dichter und Professor für Orientalistik an der Universität Erlangen, der mehr als 40 Sprachen beherrschte, kompensierte seinen Schmerz in Dichtung. Über ein halbes Jahr lang verfasste er täglich zwei bis drei Gedichte von unterschiedlicher Länge und Intensität. 428 Gedichte kamen so zustande, die er zeitlebens in der Schublade verwahrte. Erst nach Rückerts Tod gaben seine Söhne 1871 eine Auswahl von gut einhundert Gedichten unter dem Titel „Kindertodtenlieder" heraus. Die Gesamtausgabe erschien erst 1988.

In den Kindertotenliedern fasste Rückert nicht nur die Seelenqualen des Verlustes zusammen, sondern auch die auf den ersten Blick schier unmögliche Zumutung, weiter zu leben, für sich und die anderen Sorge zu tragen. All das Vermissen, all das Suchen, das Erinnern, die bewussten wie die unbewussten Reminiszenzen, hin und wieder ein harmonischer Einklang für einen Moment und am Ende die Einsicht, in der Imagination weiterhin mit den verlorenen Kindern Umgang zu pflegen – all dies steckt in diesen Gedichten, und das macht ihren zeitlosen Wert aus.

Die Kindertotenlieder sprachen neben vielen anderen Lesern auch Gustav Mahler an. Fünf davon vertonte er, der sechs Geschwister verloren hatte, 1905 für Orchester und Singstimme unter

Die Stele des Kindergrabes ist von der Natur überwuchert und bildet auch ein Denkmal der botanischen Art.

demselben Titel. Ihr Vortrag im Konzertsaal wirkt nicht weniger erschütternd als die Lektüre im stillen Kämmerlein. „Ich stellte mir vor, meine eigenen Kinder wären gestorben“, erklärte Mahler zu seiner Arbeit. Aus der Vorstellung wurde bittere Wirklichkeit. 1907 starb Mahlers Tochter Anna-Maria an Diphtherie. Seine Frau Alma sah darin eine Strafe des Himmels.

Gustav Mahlers Kindertotenlieder gehören zu den Höhepunkten des spätromantischen Liedes. Diese literarischen wie musikalischen Verdienste sichern dem kleinen, romantisch verwilderten und überwucherten Grab sein Fortbestehen. So hat sich bewahrheitet, was Friedrich Rückert einst dichtete:

Ihr habet nicht umsonst gelebt.
Was kann man mehr von Menschen sagen?
Ihr habt am Baum nicht Frucht getragen,
Und seid als Blüten früh entschwebt.
Doch lieblich klagen
Die Lüfte, die zu Grab euch tragen:
Ihr habet nicht umsonst gelebt!

38 Ein versunkener Dichtergarten
Nürnberg und der Irrhain

Hinter dem dörflichen Nürnberger Stadtteil Kraftshof liegt ein verwunschener, fast unglaublicher Platz versteckt: ein heiliger Hain, ein Dichterhain, ein Musenfriedhof, Dornröschenhag und Meditationsort, ein Urwald und Refugium geschützter Kleintiere, alles in einem – der Irrhain.

In Nürnberg gab es nicht nur die Meistersinger. Noch andere Dichterbünde, in denen Dachstubenpoeten und Festtagsreimer ihre Verse vortrugen und den geselligen Umtrunk pflegten, schossen ab dem 17. Jahrhundert wie Pilze aus dem Boden. Der Pegnesische Blumenorden zu Nürnberg gründete sich 1644. Und als einziger der Dichterbünde aus der Barockzeit hat er bis heute überdauert. Der Name leitet sich von der Pegnitz her, die durch Nürnberg fließt. Seine Mitglieder legten sich symbolische Blumennamen zu. Etwa „Myrtillus" oder „Floridan".

Ebenso hat der Treffpunkt überdauert. Der kleine Irrhain ist ein Bestandteil des damals noch weit größeren Reichswaldes. Eine Abteilung davon reservierten die Dichter für sich und gestalteten sie um. Nämlich zu einem Irrgarten mit Pfaden, die sich in Schlangenlinien durchs Gehölz zogen. Dies galt als Sinnbild für die Wirrnis und Undurchschaubarkeit der Welt. Auf diesen Pfaden sollte der Poet innere Einkehr halten und zu der Erkenntnis gelangen, dass man auch auf krummen Wegen sein Ziel erreicht. Mit anderen Worten: Was man als beschränkter Mensch als Irrweg empfindet, erweist sich aus höherer Warte als vorbestimmter und zielführender Pfad. Ein in seinem Gottvertrauen zutiefst pietistischer Gedanke.

Die Jahre vergingen, die Gründergeneration sank ins Grab, und auch deren Nachfolger. Da blieb es nicht aus, dass man den verdienten Geistern Gedenksteine, Tafeln und Obelisken setzte. So entstand nach und nach der „Kirchhof", eine Ansammlung von Kenotaphen. Das sind Scheingräber, in denen keine Toten ruhen, die aber die Anmutung eines Grabes haben. So „ruht" im Irrhain etwa Christoph Martin Wieland. Und im wahrsten Sinne des Wortes herausragend: Friedrich Schiller, zu dessen hundertstem Todestag 1905 man eine Herme nach dem Vorbild der Büste des Bildhauers Johann Heinrich von Dannecker setzte. Da blickt nun das Dichtergenie, das nie in Nürnberg geweilt hat, mit seinen Schillerlocken heroisch in die Runde.

Als Dichterrefugium blieb der Irrhain von forstwirtschaftlicher Nutzung verschont. Er wurde mehr oder weniger sich selbst überlassen, und durch Vernachlässigung über Jahrzehnte und Jahrhunderte verwilderte der ursprüngliche Irrgarten. Der Irrhain entwickelte sich zu einem versunkenen Garten, ja zu einem Urwald. Dort stehen nun mächtige, 500 Jahre alte knorrige Eichen und liegen umgestürzte, moosüberwachsene Baumleichen. Gelegentlich lugen Wigwams aus Totholz, die Kinder oder Poeten konstruiert haben, aus dem Gebüsch.

Das Tor steht offen jedermann, so er den Zauber spüren kann.

Beim Lustwandeln durch den Irrhain sollte man aller Romantik zum Trotz etwas Vorsicht walten lassen. Das Tor steht jederzeit offen, doch ist das Betreten nur auf eigene Gefahr gestattet. Einige verschlungene Pfade sind rekonstruiert und mit Kies bestreut. Die erdigen Pfade sollte man besser nicht betreten, da dort Äste herabstürzen könnten. Indes, die Wirkung ist grandios, gerade in den Abendstunden. Wenn die tief stehende Sonne das Laubdach durchbricht und Licht- und Schattenspiele auf den Gedenksteinen zaubert, glaubt man sich in Grimms Märchen versetzt. Oder in den verwunschenen Park von Jean Cocteaus „La Belle et la Bête". So präsentiert sich der Irrhain als einer der ersten und ältesten wieder zum Urwald entwickelten Forste en miniature.

39 Ein Loch zum Angeben
Erlangens Burgbergtunnel

Baut man eine Bahnstrecke und ein Berg steht im Weg, muss man eben einen Tunnel bohren. Manchmal aber ist ein Berg auch nur dazu da, an ihm einen Tunnel zu erproben. Auf diese Weise und auf Wunsch Seiner Majestät Ludwigs I. von Bayern kam der Burgberg in Erlangen zu seinem Eisenbahntunnel.

Eigentlich ist so ein Tunnel nichts Besonderes mehr. Dieser schon. Er ist nämlich Bayerns erster Eisenbahntunnel überhaupt und heute sogar der dienstälteste in Deutschland. Zweitens ist er ein besonders schöner. Heute, da schräg angeschnittene Betonröhren Autos und Züge verschlucken und ausspeien, wirkt ein altertümliches Tunnelportal aus festen Steinen und mit römischem Rundbogen einfach feierlicher, pathetischer und ästhetischer.

Kaum zockelten kräftige Rösser entlang des Ludwig-Donau-Main-Kanals, um Lastkähne durch die Fahrrinne zu bugsieren, legten die Wanderarbeiter schon wieder neue Trassen an. Diesmal für die Eisenbahn. Eine Etappe der Ludwig-Süd-Nord-Bahn (1843–1854) von Lindau im Bodensee bis Hof führte von Erlangen nach Forchheim. Die Gleise verliefen auf dieser Etappe relativ nah am Kanal. Dummerweise steht gleich nach dem Erlanger Bahnhof der sogenannte Burgberg (den nie eine Burg zierte) im Weg.

Freilich hätte man die Gleise zwischen der Bergflanke und dem Kanal direkt auf die Chaussee verlegen können. Dann hätte man eine neue Straße anlegen müssen. Allerdings wäre der Zug auch dem Wasser gefährlich nahe gekommen. Die fauchende Dampflok hätte die Treidelrösser in Panik versetzt. Und bei einer Entgleisung wäre der Zug im Kanal gelandet. Am schlimmsten aber: Man hätte das monumentale Denkmal für den Kanal nur noch aus der Distanz bewundern können, und die Allegorien von Main und Donau wären im Lauf der Zeit vom Ruß und Rauch der Lokomotiven schwarz angelaufen.

Alternativ hätte sich ein Streckenverlauf östlich um den Hügel herum angeboten. Aber Seine Majestät bestand auf einem Tunnel. Der galt ihr als ein Prestigeprojekt, um zu demonstrieren, wozu ihre königlich-bayerischen Bergleute fähig waren. So begann man denn am 25. September 1842 auf der Nord- und Südseite des Burgbergs zu graben, zu brechen und zu mauern. Für die Ausmauerung des Gewölbes mussten zwei Ziegelhütten errichtet werden, weil die Betriebe der Umgebung mit dem Material nicht nachkamen. Nach vierzehn Monaten, am 22. November 1843, erfolgte der Durchschlag, und zum ersten Mal in Bayern reichten sich zwei Grabungsteams die Hände. Mit Kosten von 310.786 Gulden erwies sich der 306 Meter lange Burgbergtunnel als der teuerste Ausgabeposten der Strecke Nürnberg–Bamberg.

Für das Portal wünschte sich Seine Majestät einen Rundbogen in römischem Stil. Darüber hinaus bestellte er vier Skulpturen zur Zierde. Zwei bayerische (!)

Das neue Tunnelportal (links) gleicht dem älteren Portal aus dem 19. Jahrhundert.

Löwen bewachen die Südseite des Portals, zwei Sphingen mit unergründlichem Gesichtsausdruck die Nordseite. Eine Zierde von hoher Symbolkraft! Warum bohrt der Mensch Tunnel? Welche Gründe bewegen die Mächtigen? Warum einfach, wenn es auch kompliziert geht?

Obwohl die Strecke nur ein Gleis aufwies, waren die Ingenieure so weitsichtig, Trasse und Tunnel so breit zu konzipieren, dass der Platz für zwei Gleise reichte. Zwischen 1862 und 1892 kam das zweite Gleis hinzu. Damit funktionierte die Strecke über hundert Jahre tadellos, doch dann befand man sie wieder als unzureichend. Im Zuge des viergleisigen Ausbaus erhielt der historische Burgbergtunnel 2015/16 einen Zwillingsbruder. Dessen Portale wurden im gleichen römischen Stil errichtet. Und immer noch wachen Löwen und Sphingen und brüten über dem menschlichen Eigensinn.

40 Sozialrevolution auf dem Lande
Neuendettelsau und die Diakonie

Über Neuendettelsau kursieren zweifelhafte Komplimente: „Ort der inneren Einkehr“ oder „Dorf mit der größten Pfarrerdichte“ oder „Freigehege emeritierter Pfarrer“. Als am treffendsten aber gilt die Zeile: „Mein Lohn ist, dass ich darf.“

Kein uraltes Bauwerk steht in seinen Mauern, kein Schlachtfeld liegt in Neuendettelsaus Nähe. Und doch ist hier Geschichte geschrieben worden. Genauer: Sozialgeschichte. Hier hat der Pfarrer Wilhelm Löhe 1854 die Diakonissenanstalt gegründet.

Für Alte, Kranke und Arme auf dem Land war die Situation Mitte des 19. Jahrhunderts trostlos. Die Klöster, die sich bis dahin ihrer erbarmt hatten, waren größtenteils aufgelöst. Die Spitäler verdienten kaum ihren Namen. Wer alt und siech war, ließ sich zu Hause pflegen, so er denn Familie hatte. Wer dagegen allein war, war verraten und verlassen. Und die Frauen? Während die Bauernsöhne den Hof übernahmen oder ein Handwerk lernten, packten die Töchter mit an und hofften auf einen Bräutigam. Fand sich keiner ein, fristeten sie ihr Dasein als Magd und alte Jungfer, und im Alter wurden sie eher mitgeschleppt als umsorgt.

Da kam Pfarrer Wilhelm Löhe (1808–1872), gebürtiger Fürther, auf die Idee, in seiner Gemeinde Neuendettelsau eine Diakonissenanstalt einzurichten. So schlug er zwei Fliegen mit einer Klappe. Nun erfuhren Kranke und Bedürftige handfeste Unterstützung und geistlichen Trost. Und damit fanden alleinstehende Frauen ein Auskommen, im Idealfall eine Lebensaufgabe und im Alter ein Heim.

Die Resonanz war enorm. Frauen jeglichen Alters und Standes ließen sich unterweisen. Niemand war gezwungen, ein Gelübde abzulegen und lebenslang ein Dasein als Diakonisse zu führen. Eine Diakonisse konnte nach der Ausbildung immer noch heiraten, eine Familie gründen oder einen anderen Beruf ergreifen. Hauptsache, sie verfügte nun über grundlegende medizinische und pflegerische Kenntnisse. Bald weitete sich das Aufgabenfeld aus. Nicht nur Alte und Kranke, auch geistig Behinderte kamen bei den Diakonissen unter. Die Zahl der Geistesschwachen auf dem Land war nicht nur alkoholisch oder inzestuös bedingt. Schuld daran war ein Hausmittel. Um schreiende Babys ruhigzustellen, gaben Mütter ihnen Mohnschnuller, oft noch in Most getränkt. Das hatte auf das frühkindliche Gehirn verheerende Auswirkungen.

Rastlos tätig, verzettelte sich Löhe in theologischen Querelen nicht nur mit seiner Amtskirche, sondern auch mit anderen Geistlichen. Da er seine Arbeit nicht delegieren wollte, trieb er Raubbau an seiner Gesundheit. So starb er nach einem Schlaganfall am 2. Januar 1872 mit knapp 64 Jahren. Nicht verschwiegen werden darf, dass im „Dritten Reich“ auch in Neuendettelsau die Schutzbefohlenen an die Euthanasie ausgeliefert wurden. 438 Behinderte starben in der Gaskammer,

Selbst seine Büste vor dem Neuendettelsauer Diakonissenhaus scheint etwas von der Energie Wilhelm Löhes auszustrahlen.

weitere 402 verhungerten. Über Jahrzehnte herrschte im Ort Stillschweigen über das kollektive Versagen. Erst spät kam eine historische Aufarbeitung in Gang.

Was hat es mit dem Spruch von Lohn und dürfen auf sich? Eines Tages schrieb Löhe in einer poetischen Anwandlung folgende Sentenz in ein Poesiealbum: „Was will ich? Dienen will ich. Wem will ich dienen? Dem Herrn in seinen Elenden und Armen. Und was ist mein Lohn? Ich diene weder um Lohn noch um Dank, sondern aus Dank und Liebe. Mein Lohn ist, dass ich darf." Dieser Spruch avancierte zum offiziellen Motto der Diakonissen. Das Ideal, sich für Gotteslohn aufzuarbeiten, sieht man heute eher skeptisch. Vor einigen Jahren in „Diakoneo" umbenannt, beschäftigt die Diakonie Neuendettelsau heute mehr als 11.000 Mitarbeiter in zahlreichen Krankenhäusern und Behindertenheimen.

41 Nähen für den inneren Frieden
Die Paramentik in Neuendettelsau

Ein Paravent ist ein Wandschirm. Und ein Parament? Ist ein Textil, das Altar, Kanzel, Taufstein und auch den Herrn Pfarrer oder die Frau Pfarrerin ziert. Schöne farbenprächtige Stoffe. Die älteste evangelische Paramentikwerkstatt der Welt praktiziert in Neuendettelsau.

Zwei uralte Webstühle stehen in der Werkstatt bei einem Zuschneidetisch. Daneben steht ein Kessel zum Farbekochen, an der Wand hängt ein Dutzend bunter Holzlöffel zum Umrühren, jeder in seiner eigenen Farbe, imprägniert von jahrzehntelangem Gebrauch. Die Nähmaschine mit Trittbrett, aber mit einem Elektromotor aufgerüstet, stammt aus dem 19. Jahrhundert. Die Mechanik rattert immer noch munter weiter, während der erste E-Motor bereits den Geist aufgegeben hat. Dies ist die Paramentik von Neuendettelsau, ein ehemaliger Betsaal, der in den 1930er-Jahren zur Werkstatt umgebaut worden ist.

Dass katholische Kirchen und Priester in prächtige Stoffe gehüllt sind, versteht sich von selbst. Aber auch die Protestanten? Ausgerechnet Wilhelm Löhe, der sich wiederholt mit seinen Kirchenoberen anlegte, hat sich für schöne Textilien in den Kirchen ausgesprochen. Für ihn war das Weben von Stoffen für Sakralgegenstände eine Art von Gottesdienst. Theologisch begründete er dies mit dem Bericht von der Frau, die Jesus mit teurem Nardenöl salbte, dafür angefeindet, aber von Jesus in Schutz genommen wurde. Darum empfahl Löhe das Altartuch und das Antependium als Objekte, „an denen sich die weibliche Kunst am meisten verherrlichen kann“.

Was sich in Löhes Diktion als rollenspezifische Zuweisung anhört, war 1858 revolutionär. Damals gründete Löhe den Paramentikverein und verschaffte so Frauen einen angesehenen Beruf. Begabten Diakonissen empfahl Löhe die Tätigkeit des Webens, Stickens und Nähens als ausgleichende Tätigkeit. Wo die Fürsorge um Alte und Kranke an den Kräften zehrt, findet man in der Handarbeit an der Altardecke zu innerem Frieden. Doch statt in Heimarbeit sollten die Diakonissen in einer festen Werkstatt und für guten Lohn arbeiten.

Das Altartuch ist immer aus Leinen, weil es an das Grabtuch Christi erinnert. Die Farben der Altar- und Kanzelvorhänge wie auch des Taufsteins wechseln sich im Lauf des Kirchenjahres ab. Weiß steht für Weihnachten und lichte Feste, Schwarz für Karfreitag, Rot für Ostern und Pfingsten, Violett für Buße und Fastenzeit, und für alle anderen Tage ist Grün die Farbe der Hoffnung. Dabei werden die Stoffe mit natürlichen und lichtechten Farben getränkt wie etwa aus Gallapfel oder Krappwurzel. Krapp gilt als der Farbstoff mit dem höchsten Lichtechtigkeitswert: Er hält bis zu 500 Jahre.

Hatten zuerst Kunstprofessoren Motive und Figuren im neugotischen Stil ersonnen, die dann die Diakonissen umsetzten, so übernahmen nach und nach die Diakonissen immer mehr Freiräume des Schaf-

Auf diesem alten Webstuhl werden Altardecken gewebt.

fens. Etwa den Hintergrund und die Art seiner Textur. Von dort war es nicht mehr weit bis zur selbstständigen Gestaltung.

Auch der Talar muss heute nicht mehr schwarz sein. 1998 beschloss die evangelische Landeskirche, dass Pfarrer und Diakone auch in hellen Alben mit einer Stola auftreten dürfen. Das schaut ja sehr katholisch aus? Doch da gibt es feine Unterschiede: Während bei den Katholiken der Diakon die Stola nur über einer Schulter trägt und der Priester die Stola über beiden Schultern, trägt der evangelische Diakon die Stola ebenfalls über beiden Schultern.

Die älteste evangelische Paramentik ist zugleich Bayerns einzige. Daneben gibt es freischaffende Einzelgängerinnen. Die vier Mitarbeiterinnen entwerfen nicht nur neue Talare, Alben und Textilien, sie bessern vor allem alte Stoffe aus. Die Aufträge kommen aus der ganzen Welt: aus Italien, den USA und sogar aus Australien.

42 Andere Zeiten, andere Welten
Bad Windsheims Freilandmuseum

Meilensteine verspricht dieses Buch. Aber zwischen Meilensteinen liegen Wegstrecken, auf denen scheinbar nichts und doch so vieles passiert. Wie lebten die Menschen früher, wie richteten sie sich ein, woran hingen ihre Blicke in der guten Stube? Im Freilandmuseum in Bad Windsheim tauchen die Besucher tief in die Vergangenheit ein.

Als 1982 die erste Häusergruppe bei Bad Windsheim zu besichtigen war, hätte kaum einer gedacht, dass das Freilandmuseum derart expandieren würde. Inzwischen sind vom Mittelalter bis zum 20. Jahrhundert 125 Bauernhäuser, Scheunen, Mühlen, Brauhäuser, Schulen, Kapellen, sogar Garagen, Traktoren und Brennöfen zu besichtigen. Auch eine historische Kegelbahn ist dabei.

Wer über das Gelände spaziert, sollte nicht planmäßig alles abklappern, das erschöpft nur. Eher sollte man sich von seiner Neugier leiten lassen. Zwar gehört es sich nicht, in fremde Wohnungen hineinzuspitzen. Aber die Neugier steigt von Besuch zu Besuch. Manche Räume darf man frei betreten, bei anderen versperrt ein Seil den Weg. Anschauen ja, anfassen nein.

Die nachgebauten Häuser des frühen Mittelalters, eher Katen mit angeschlossenem Viehstall, wirken gar nicht wohnlich. Die Ausstattung kann nur aus rohen Hockern bestanden haben, die Bettstatt aus Heusäcken. Doch je weiter wir ins 18. und 19. Jahrhundert vordringen, umso heimeliger wird es.

Als Erstes bemerkt man die Tapeten, deren hellblaue Muster per Schablone gestaltet sind. Natürlich steht ein Tisch in der Raummitte, und dahinter ein durchgesessenes Sofa. Schränke für die Wäsche, kaum Bücher. Eine dicke Familienbibel ist immer dabei. An den Wänden prangen religiöse Chromolithografien oder Öldrucke in grandiosem Kitsch. Andenken an die Konfirmation oder Erstkommunion. Jesus lässt die Kindlein zu sich kommen. Martin Luther weist kampfeslustig auf die offene Bibel: „Das Wort sie sollen lassen stahn!“ Dazu anschauliche Illustrationen guter Werke wie Almosengeben, Hilfe für die Alten oder Unterweisung der Kinder, garniert mit Bibelsprüchen. Christus am Ölberg. Oder (mit unübersehbar antisemitischer Tendenz) Jesus vor dem Hohen Rat.

Dazu Fotografien von Familienfesten. Taufe, Konfirmation, Hochzeit. Diese Bilder hat ein professioneller Fotograf mit langer Belichtungszeit aufgenommen. Langes Stillhalten war ungewohnt, deshalb sind viele Aufnahmen leicht verschwommen. Ein tiefer Ernst spricht aus den Gesichtern, auch und gerade aus den Gesichtern der Kinder und Jugendlichen.

All diese Häuser standen lange Zeit irgendwo im Fränkischen, wurden dann Stein für Stein abgetragen und Stein für Stein wieder aufgebaut oder in einem Stück versetzt. Ebenso hat man die guten Stuben im Originalzustand übernommen.

Ein Blick ins Schulhaus: Unten wohnte der Lehrer mit seiner Familie, oben befin-

Wie in diesem Beispiel eines Bauernhofes aus Herrnberchtheim sah einst die gute Stube aus: ein massiges Sofa für die Eltern, eine harte Holzbank für Kinder, Knechte und Mägde und die Nähmaschine für die Oma.

det sich bis heute das Klassenzimmer. Eine Tafel mit dem ABC in Sütterlinschrift. Karten mit Naturpanoramen. Das Modell eines Schweins, das man in allen essbaren Teilen fachgerecht auseinandernehmen kann. Natürlich darf ein Porträt von Kaiser Wilhelm II. nicht fehlen.

Je näher wir der Gegenwart kommen, umso stärker wird die Wehmut. Ein Auto der 1970er-Jahre steht in einer Wellblechgarage, 80.000 Kilometer hat es zurückgelegt. Daneben stehen Behelfsheime der 1940er-Jahre für Ausgebombte und Flüchtlinge, die sich winzige Kammern teilten. Außerdem ein MAN-Fertighaus mit Stahlwänden – eines von weltweit 230 Exemplaren – mit der Wohnungseinrichtung der Sechziger, darunter eine Kombination von Radio, Plattenspieler und Fernseher. Damals der letzte Schrei, heute ein Fall fürs Museum. Und wie wird man einst die Wohnungen der Generation Ikea sehen?

43 Handwerk hat goldenen Boden
Die Goldschläger und Schwabach

Was haben der Felsendom in Jerusalem, der Engel der Berliner Siegessäule und die Dachziegel des Schwabacher Rathauses gemeinsam? Sie alle sind mit Blattgold aus Schwabach überzogen. Denn Schwabach war einst weltweit das Zentrum der Goldschläger.

Götter, Heilige und Engel in blankem Gold strahlen etwas Entrücktes aus, eine sakrale Aura, die mit dem Erdenjammer nichts zu tun hat. Sie suggerieren ungeheuren Wert, als wäre das Gold massiv. Tatsächlich aber ist der Goldauftrag weniger als hauchdünn, nämlich einen zehntausendstel Millimeter stark. Wie bringt man Gold auf solch eine Stärke? Mit Hammer und Muskelkraft. Die Kunst des Goldschlagens hat sich im Lauf von fünftausend Jahren kaum verändert. Gold wurde schon in Indien und im alten Ägypten geschlagen, um Götterstatuen, Büsten, Masken und Mumien zu verzieren. Die Römer brachten die Kunst aus dem Orient mit, und hierzulande nahmen sich die Klöster dieses Handwerks an.

In Franken arbeiteten die Goldschläger erst in Nürnberg. Dann wanderten immer mehr nach Schwabach, zwanzig Kilometer südlich von Nürnberg, ab. Die Gründe waren Zunftregeln, aber auch das Klima. Denn die Stadt liegt in einem Talkessel mit eigenem Binnenklima, das sich auf die Qualität der hauchdünnen Goldblättchen günstig auswirkt. Jedenfalls waren ab 1574 erste Goldschläger in Schwabach gemeldet. Nicht nur Gold, auch Silber und andere Metalle kamen unter den Hammer. Zu Beginn des 20. Jahrhunderts galt Schwabach mit gut 130 Werkstätten als das Mekka der Goldschläger mit Aufträgen aus aller Welt.

Anstrengend ist das Handwerk und nicht ganz ungefährlich. Kein Meister, der sich nicht ein Dutzend Mal im Leben auf den Daumen geklopft hat. Wobei „klopfen" untertrieben ist. Die verschieden schweren Hämmer wiegen bis zu zwölf Kilo!

Die Verarbeitung vollzieht sich in mehreren Schritten. Zuerst wird das Gold mit einem anderen Edelmetall legiert. Soll es hell glänzen, kommt Silber hinzu, soll es dunkel glühen, dann Kupfer. Die Goldlegierungen werden in Stangen, die „Zaine", gegossen, dann geschmiedet und mehrmals gewalzt, bis ein dünnes Goldband entsteht. Dieses wird wieder geglüht und in „Quartiere" geschnitten. Damit die Quartiere nicht aneinander kleben, werden sie mittels einer Hasenpfote mit feinem Fasergips eingerieben.

Die Goldfolien werden verpackt und landen auf dem Schlagstein. Drei Schlagprozesse waren früher unerlässlich, heute sind es nur noch zwei. Dabei liegen zwischen den Folien hauchdünne Häutchen aus dem Blinddarm von Ochsen. Tausend Goldfolien mit einer Kantenlänge von 14,5 Zentimetern bilden einen Stapel, der mit Pergamentpapier bezogen wird. Nun schlägt der Schmied sechs bis sieben Stunden lang auf das Päckchen ein, wobei er es mit der anderen Hand dreht und wendet.

2.000 vergoldete Dachziegel zieren seit der Renovierung im Jahr 2001 die Türmchen des fast 500 Jahre alten Schwabacher Rathauses. Das Geld dafür haben die Bürger selbst aufgebracht.

Die Kunst besteht darin, den Hammer so auf das Päckchen zu schlagen, dass er zurückfedert und der Arm den Rückschwung ausnützt, um den Hammer wieder zu heben. Im Intervall des Hebens dreht und wendet die andere Hand das Päckchen. Hat man den Trick heraus, wirkt die Sache sehr einfach. Und sobald man glaubt, man habe den Bogen heraus, drischt der Hammer todsicher auf die Finger. Um das zu vermeiden, benötigt der Meister absolute Konzentration. Zwar kam im 20. Jahrhundert im Zug der Mechanisierung der Federhammer auf, dennoch werden noch heute die letzten Schlagprozesse per Hand ausgeführt, bis die Goldfolie einen zehntausendstel Millimeter dünn ist.

Heute sind nur noch zwei Goldschlägerbetriebe in Schwabach in Produktion. Die Handwerksinnung hat sich aufgelöst. Aber man kann immer noch alten Meistern bei der Arbeit zusehen.

44 Leben wie die Fürsten
Das Schloss Ratibor in Roth

Mit dem Interieur von Schlössern ist das so eine Sache: Entweder ist alles authentisch. Oder altes Mobiliar stammt von woanders her und bildet eine Nachempfindung. Im Schloss Ratibor hingegen werden Renaissance, Barock und Klassizismus mit den Mitteln des 19. Jahrhunderts übertrumpft.

Am Ende des Historienfilms „Luther" (2003) wird es dramatisch: Kaiser Karl V. weist auf dem Augsburger Reichstag 1530 die Protestanten in die Schranken. Da legt Philipp Melanchthon dem Kaiser das Augsburger Bekenntnis vor. Karl V. ergrimmt und will ein Exempel statuieren. Überraschend tritt ein Herzog vor und bietet sein Haupt dem Schwerte dar. Bevor der Kaiser reagieren kann, treten ein zweiter, ein dritter und schließlich alle protestantischen Fürsten vor und neigen ihr Haupt. Vor der geballten Bereitschaft zum Martyrium kapituliert selbst der Kaiser.

Ob es sich wirklich so abgespielt hat? Zumindest eines ist verbürgt: Der Ansbacher Markgraf Georg der Fromme (1484–1543), der sich für Luther und die Reformation einsetzte, verkündete auf dem Reichstag, eher lasse er sich den Kopf abschlagen, als dass er von seinem evangelischen Glauben lasse. Standhaft war Georg sicherlich. Ob er auch so fromm war, steht dahin. Zumindest war er dem Wein mehr als brüderlich verbunden. Und natürlich frönte er der Jagd. Darum erbaute er das Schloss Ratibor in Roth, etwa 30 Kilometer südlich von Nürnberg, von 1535 bis 1538 als Jagdschloss. Seinen Namen verdankt das Schloss dem Städtchen Ratibor in Schlesien, wo Georg Ländereien besaß.

Als der letzte Ansbacher Markgraf Alexander 1791 abdankte, geriet das Schloss in preußischen Besitz. Bald erwarb es der Tressenfabrikant Johann Philipp Stieber, der darin seine Fabrik einrichtete. Das Haupthaus hingegen bezog das Rother Amtsgericht. Der Enkel, Friedrich Wilhelm Stieber, machte in der Gründerzeit mit der Fabrikation von Feindraht ein Bombengeschäft. Derart, dass er dem Amtsgericht ein neues Gebäude spendierte und selbst den Hauptbau bezog.

Nun hub an, was Kunstgeschichtler mit Grauen und Schrecken erfüllt, Freunde des Kitsches hingegen zu Begeisterungsstürmen hinreißt: Der Fabrikant, der sich offenbar selbst als Fürst empfand, ließ ab 1892 die Säle im Geschmack der Neorenaissance und des Neobarocks ausgestalten. Hierzu versammelte er Meister des Historismus: Ferdinand Wagner, Friedrich Wanderer, Conradin Walther. Allesamt Maler, die über eine stupende Ausbildung verfügten, ihren Tizian und Raffael im Schlaf zitierten und darüber die Ausprägung eines eigenen Stils vergaßen. Obwohl: Ihr Werk erschöpft sich nicht im Kopieren großer Vorbilder, sondern übersteigert noch mit bombastischen Effekten die alten Meister.

Schon der Speisesaal beeindruckt mit einem Breitwandgemälde über fünf Meter. Wer günstig zu Tisch sitzt, sieht an der

Erst Jagdschloss eines Markgrafen, dann fürstliches Domizil eines Industriebarons. Heute präsentiert Schloss Ratibor die Großmannssucht des Historismus.

Wand gegenüber eine gut gelaunte Tafelrunde in holländischem Prunkgewand und Mühlsteinkragen im Stil Peter Paul Rubens'. Schreiten die Gäste hinüber in den Prunksaal, kleben die Augen an der Decke. Dort prangen 33 Gemälde im Rahmenwerk nach venezianischem Vorbild. Im Zentrum steht eine spärlich geschürzte Aphrodite, während sparsam drapierte Göttinnen, notdürftig bekleidete Musen und halbverhüllte Allegorien der Jahreszeiten ihren Eskapaden nachgehen.

Stilvoll geht es auch in den Privatgemächern zu. Das Barockzimmer ist mit authentischen Gemälden aus einem württembergischen Kloster ausstaffiert, während das klassizistische Musikzimmer mit einer Täuschung aufwartet: Die grüne Seidentapete entpuppt sich als bedrucktes Papier. Das beweist: Geld macht die Macht. Ein Industriebaron des 19. Jahrhunderts prunkte wie ein Fürst des 16. Säkulums.

45 „Wie man die Aussaat hier bestellt …“ Stein und Faber-Castell

Womit lernen wir schreiben? Mit Bunt- und Bleistift. Auf diesen steht in den meisten Fällen „Faber-Castell“. Kaum eine andere Firma hat sich hierzulande um die Kulturtechnik des Schreibens so verdient gemacht wie diese.

Schon 1884 war der Name Faber ein fester Begriff. Da veröffentlichte Wilhelm Busch seine Bildergeschichte „Maler Klecksel“. In einer turbulenten Episode stürmt der Künstler das Büro des Kritikers Hinterstich, wo es zu handgreiflichen Auseinandersetzungen kommt. Als Kuno Klecksel den Kritikus niederringt und dessen Kehrseite vor Augen hat, dichtet Busch:

Indessen zieht der Kuno aber
Den Bleistift Numro 5 von Faber,
Und Hinterstich, der sehr rumort,
Wird mehrfach peinlich angebohrt.

Zu dieser Zeit existierte das Familienunternehmen seit 1761 in der vierten Generation im Städtchen Stein vor den Toren Nürnbergs, am Ufer der Rednitz. Doch nicht der Gründer Kaspar Faber, sondern dessen Urenkel Lothar brachte das Unternehmen ab 1839 in die Höhe, ebenso dessen Brüder Johann und Eberhard, die eigene Werke gründeten. Der Konkurrenz hielt Lothar Faber durch Modernisierung und höchste Qualität stand.

Der Geschäftsmann Jean-Pierre Alibert entdeckte 1856 immense Graphit-Vorkommen von feinster Qualität in Sibirien. Da ihm das Geld für deren Ausbeutung fehlte, übernahm Faber die Finanzierung und erwarb dafür die Exklusivrechte an der Mine. Für die Bleistiftminen benötigte Faber auch das passende Holz. Schließlich erwies sich Zedernholz aus Florida als das geeignetste, sodass der in die USA ausgewanderte Bruder Eberhard dort einen Wald erwarb.

Bleistift ist nicht gleich Bleistift. Da gibt es verschiedene Härtegrade, Längen und Durchmesser. All diese Standards, die bis heute gelten, legte Lothar Faber fest. Mit Niederlassungen in Berlin, Wien, Paris, London, New York und Sankt Petersburg baute das Unternehmen seine Vertriebsnetze aus und eroberte die Weltspitze. Um seine Stifte vor Nachahmern zu schützen, designte Lothar Faber sie 1861 mit dem Schriftzug „A. W. Faber“, womit er seinem Vater August Wilhelm, der ihm den Ehrgeiz eingebläut hatte, ein Denkmal setzte. Daher gilt der Faber-Bleistift als das erste Markenschreibgerät weltweit. Darüber hinaus zierte Faber seine Stifte mit erbaulichen Sprüchen, etwa: „Wie man die Aussaat hier bestellt, so erntet man in jener Welt.“

Beim Bleistift sollte es nicht bleiben. Das Unternehmen erweiterte sein Angebot um Radiergummis, Federhalter und Tinte in verschiedenen Farben, Aquarellfarbkästen, Lineale, Zirkel und Rechenschieber. Im 20. Jahrhundert kamen Textmarker und Filzstifte hinzu.

Im Jahr 1893 waren alle männlichen Nachkommen der Familie ausgestorben.

Triumph des Historismus: Das „Bleistift-Schloss" der Faber-Castells wirkt wie eine Mischung aus Mittelalter, Renaissance und Jugendstil.

Doch der Name Faber sollte erhalten bleiben. Als 1898 Lothars Enkelin Ottilie den Grafen Alexander zu Castell-Rüdenhausen heiratete, änderte dieser seinen Namen in Faber-Castell. Wie viele Großfabrikanten gönnten auch die Faber-Castells sich eine fürstliche Behausung, nämlich das Faberschloss in Stein, einen burgenartigen Triumph des Historismus, erbaut von 1903 bis 1906. Die Innenausstattung überrascht mit Wandmalereien in duftigem Jugendstil.

Liebend gern richteten sich die Amerikaner 1945 im „Bleistift-Schloss" ein. Während der Nürnberger Prozesse diente es als Hauptquartier der internationalen Presse wie auch des Radiosenders AFN. Später avancierte das Gemäuer zur Filmkulisse, etwa für Bernhard Sinkels Fernseh-Mehrteiler „Väter und Söhne" mit Burt Lancaster, Julie Christie und Bruno Ganz.

Noch heute fabriziert Faber-Castell von Stein aus als weltweit größter Hersteller von Blei- und Buntstiften jährlich knapp zwei Milliarden Schreibgeräte.

46 Wer ging zuerst in die Luft? Gustav Weißkopf und Leutershausen

Eine Fliegerweisheit besagt: Runter kommen sie immer! In den Pioniertagen meist zu früh und nicht unbedingt in einem Stück. Wer aber hat den ersten Flug mit einem motorisierten Vehikel hinbekommen und heil überstanden?

Allgemein wird Wilbur und Orville Wright diese Ehre zuerkannt. Doch seit einigen Jahrzehnten rütteln Forscher und Technikhistoriker am Sockel ihres Denkmals. Auf ihm müsste nach Meinung skeptischer Historiker der fränkische Bastler Gustav Weißkopf stehen.

Sein Andenken hält seit 1987 das Gustav-Weißkopf-Museum in Leutershausen bei Ansbach hoch, das sich auch weiteren Pionieren der Lüfte widmet. In Leutershausen kommt Gustav Weißkopf 1874 zur Welt. Bald verschlägt es den jungen Mann auf einen Australiensegler. Schon früh von Vögeln und ihrem Flug fasziniert, lernt er die Kunst des Navigierens bei Wind und Wetter. 1895 wandert er in die USA aus, nennt sich Whitehead, behält aber sein Leben lang die deutsche Nationalität.

Erst experimentiert Weißkopf mit Dampfmaschinenantrieb und konzipiert seine Flugapparate als Gleiter, ähnlich den Versuchen Otto Lilienthals. Ein erster Flug 1899 mit Dampfmaschine endet an einem Hausdach. Dann versucht Weißkopf es mit Motoren. Bis 1901 will der Tüftler gut 20 Flugmaschinen gebaut und getestet haben. Mit einer motorisierten und von zwei Propellern angetriebenen Flugmaschine „Nr 21" hebt Weißkopf am Morgen des 14. August 1901 auf einem Feld bei Bridgeport (Connecticut) ab, fliegt vor Zeugen und einem Journalisten 800 Meter weit und landet wohlbehalten.

Der Zeitungsartikel erscheint am 18. August 1901 im „Bridgeport Sunday Herald", ebenso im „New York Herald". Bloß ohne Fotos vom Flug. Kameras waren damals noch nicht imstande, schnell bewegliche Objekte, noch dazu im Morgenlicht, festzuhalten. Wogegen die Brüder Wright in dieser Hinsicht mehr Erfolg hatten. Ihr Foto, das den ersten Flug ihres „Flyer I" vom 17. Dezember 1903 in North Carolina dokumentiert, gilt als Beweis.

Was haben Gustav Weißkopf und die Wrights miteinander zu tun? Die Brüder sollen den Flugpionier mehrmals besucht und mit ihm gefachsimpelt haben. Vielleicht ist der Erfahrungsaustausch aber auch in einer recht einseitigen Richtung verlaufen. Vielleicht wäre alles anders gekommen, hätte Weißkopf mehr Geschäftssinn besessen. So aber gerät er in Geldnot, verliert 1911 einen Prozess, seine Firma und sein Vermögen. Als Fabrikarbeiter hält er sich und seine Familie über Wasser, bis er 1927 stirbt. Unterlagen über seine Arbeit gehen verloren. Orville Wright hingegen pocht bei jeder Gelegenheit darauf, dass seinem Bruder und ihm die Ehre des ersten motorisierten Fluges gebühre.

Die Ironie der Geschichte geht seltsame Wege: Einerseits zerstörte eine Bombe aus einem amerikanischen Flugzeug 1945 Weißkopfs Geburtshaus. Andererseits begann die Wiederentdeckung

So luftig und federleicht wirkt dieses Denkmal, als ob es gleich entschweben möchte. Man muss sich die abstehenden Metallstäbe mit Stoff bespannt vorstellen, dann gewinnt man einen Eindruck von Weißkopfs Flugmaschine.

des deutschen Flugpioniers in den USA. In den letzten Jahren erschienen Aufsätze und Bücher, die Gustav Weißkopf die Leistung des ersten motorisierten Fluges zu- und die Wrights auf die Plätze verweisen. 1998 bewies ein Nachbau der „Nr 21“: Die Kiste fliegt tatsächlich! Nämlich über eine Strecke von einem Kilometer bei zwei Metern Höhe und einer Dauer von 90 Sekunden.

Wer hat nun Recht? Selbst in den USA ist man sich uneins. Wie North Carolina sich als „First in Flight State“ bezeichnet, pocht Connecticut auf den ersten Motorflug der Geschichte. In Leutershausen ist man sich sowieso einig. Im dortigen Museum hängt ein Nachbau, die „Nr 21 B“, von der Decke. Und ein Denkmal für Gustav Weißkopf weist den Weg in die Lüfte.

47 Mörderische Eitelkeit
Fürth, die Stadt der Spiegel

Spieglein, Spieglein an der Wand, wer schleift die meisten im ganzen Land? Das war Fürth. Die Stadt galt im 19. Jahrhundert als das Zentrum der Spiegelfabrikation in ganz Deutschland, mit Exporten in die ganze Welt. Der Wohlstand hatte freilich seinen Preis.

Wer sich einst seines Aussehens vergewissern wollte, musste sich zeichnen lassen. Oder in eine Pfütze blicken. In der Antike behalf man sich mit poliertem Metall. Doch schon bald nach Christi Geburt kamen Spiegel aus geschliffenem Glas auf.

Im 18. Jahrhundert ließen sich in Nürnberg und Fürth Spiegelmacher nieder. Kleine Familienbetriebe wuchsen zu großen Werkstätten und schließlich zu Fabriken. Dies gelang durch ein Geflecht von Handelsbeziehungen. Die Fürther Hersteller bezogen ihr Rohglas aus dem Bayerischen und dem Böhmerwald. In Fürth gab es Schleif- und Polierwerke.

Bereits 1791 hatten sich 122 Schreiner auf die Herstellung von Spiegelrahmen spezialisiert. Das waren keine einfachen Rahmen, sondern mit Schnitzereien und Vergoldungen verzierte Kunstwerke, in denen sich die Dame des Hauses bewunderte. Die Hersteller übernahmen also jeden Produktionsschritt. Wobei sie den gefährlichsten Schritt, die Belegung mit Quecksilber, meistens den Heimarbeitern überließen.

Eine weitere Taktik war die Variabilität. Das Angebot reichte vom Spiegel auf der Kommode über den Hand- und Taschenspiegel oder einklappbare Reisespiegel bis zu Zerrspiegeln für Jahrmärkte und zum prächtigen Venezianischen Spiegel: ein Luxusobjekt, dessen Rahmen mit kleinen Glasfacetten bestückt war.

Doch die Schattenseite war furchtbar. Der heikelste Schritt bei der Herstellung war bis zum Ende des 19. Jahrhunderts die Belegung der Glasfläche mit Quecksilber. Der Beleger arbeitete an einem kippbaren Tisch mit Marmorplatte. Auf Zinnfolie, die er mit hochgiftigem Quecksilber bestrich, platzierte er die Glasplatte und beschwerte diese vorsichtig mit Gewichten, damit sich keine Luftblasen bildeten. Etwa zwanzig Stunden dauerte das Pressen. Überschüssiges Quecksilber lief an den Seiten heraus und bei Kippstellung mittels Rinnen in Eimer zur Weiterverwendung ab. Nach etwa zwei Wochen war der Spiegel trocken und die Zinnfolie mit dem Glas verwachsen.

Zwar war die Gefährlichkeit des Quecksilbers bekannt, und man erließ zahlreiche Vorschriften. Essen und Trinken waren in der Werkstatt verboten, offene Fenster sorgten für Durchzug, die Räume blieben möglichst kühl. Die Beleger sollten eine spezielle Arbeitskleidung tragen und sich gründlich duschen.

Alles umsonst! Auch deshalb, weil viele Beleger mit ihrer Familie zu Hause arbeiteten und es mit den Vorschriften nicht so genau nahmen. Nach zehn Jahren waren die meisten Beleger unheilbar krank. Die Symptome zeigten sich

In diesem Prachtstück eines Venezianischen Spiegels bewunderten sich einst die hochgestellten Damen der feinen Gesellschaft.

erst in chronischer Reizbarkeit und Aggressivität, dann in Gliederzittern, das jede Feinmotorik verhinderte, bis hin zu Zahnausfall, Blindheit, Lähmung und frühem Tod. Der Anblick zitternder Kranker war in Fürth alltäglich. Trotz des Elends fanden sich stets Bewerber für diese Arbeit, weil sie relativ gut bezahlt war und weniger Arbeitszeit als andere Tätigkeiten erforderte.

Erst 1862 erfand der Fürther Spiegelfabrikant Ludwig Winkler das Silberbelegverfahren, das Justus Liebig 1865 perfektionierte. Es sollte noch 25 Jahre dauern, bis die anderen Fabriken vollends nachzogen, denn anfänglich verursachte das Silberbelegverfahren einen Gelbstich im Glas. Noch im Jahr 1888 klagte man über den Fürther „Merkurialismus", wie man die Quecksilberkrankheit nannte. Nach dem Ersten Weltkrieg ging die Produktion zurück, und Fürth büßte seine Monopolstellung ein. Heute ist die Spiegelherstellung in Fürth Geschichte.

48 Auf gute Nachbarschaft!
Die Juden in Fürth

Ist von Fürth die Rede, wird vom „fränkischen Jerusalem" gesprochen. Die Bezeichnung kursiert erst seit 1987, als ein Dokumentarfilm mit diesem Titel ausgestrahlt wurde. Wahr ist, dass in Fürth lange Zeit bessere Lebensbedingungen für Juden herrschten als anderswo.

Nürnberg brannte 1499 sein jüdisches Ghetto nieder und verbannte die Juden für Jahrhunderte. 1528 erlaubte Markgraf Georg der Fromme Juden, sich gegen ein Schutzgeld in Fürth niederzulassen. Der Dreißigjährige Krieg legte auch das wehrlose Fürth in Schutt und Asche. Nach dem Krieg begann der Wiederaufbau, und im 18. Jahrhundert stieg die Zahl der einwandernden Juden steil an. Denn die Herrscher garantierten weitgehende Rechte und Religionsfreiheit.

Tatsächlich herrschte ein friedliches Zusammenleben zwischen Christen und Juden. Das lag daran, dass es in Fürth kein Ghetto gab, sondern Christen und Juden nebeneinander wohnten, gar sich ein Haus teilten, jüdische Hausbesitzer christliche Untermieter aufnahmen und umgekehrt. Noch heute findet man am Eingang vieler Häuser einen schrägen Spalt im Sandstein. Das ist die Mesusa, in der der jüdische Haussegen ruht: ein Zettel mit einem Vers aus der Thora.

Ein weiterer Vorteil war Fürths Lage am Zusammenfluss von Pegnitz und Rednitz. Wer tief genug in seinem Keller grub, stieß bald auf Grundwasser. Das war die Voraussetzung für eine Mikwe, das jüdische Tauchbad, das zur religiösen Reinigung diente. Für alle Frauen, die ihre Monatsblutung hinter sich hatten, aber auch für alle Gläubigen nach verunreinigenden Handlungen (wie etwa einem Friedhofsbesuch) war die Säuberung durch vollständiges Eintauchen Pflicht. Praktisch, wenn man solch ein Tauchbad zu Hause hatte, doch standen auch öffentliche Mikwen zur Verfügung.

Zwei Gemeindesynagogen (die Ältere von 1617 war der Prager Pinkas-Synagoge nachgestaltet) boten Gottesdienst und Unterricht, ebenso vier private Synagogen. Seinen Ruf als fränkisches Jerusalem erlangte Fürth ab 1660 durch seine Jeschiwa, eine Hochschule zum Studium des Talmud, sowie durch Druckereien, die theologische Literatur, Gebetbücher und Kalender druckten. In ihren besten Zeiten lauschten in der Jeschiwa bis zu 400 Studenten dem Unterricht hochgelehrter Rabbiner. Somit galt Fürth neben Frankfurt und Prag als das bedeutendste Zentrum jüdischer Gelehrsamkeit in Mitteleuropa.

Im 19. Jahrhundert ging es mit Fürth durch die Industrialisierung steil aufwärts. Jüdische Unternehmer gründeten Spiegelfabriken oder Verlage. Stiftungen wie das Nathanstift, das Waisenhaus sowie das Berolzheimerianum zur Volksbildung bereicherten die Stadt, ebenso ermöglichten Spenden den Bau etwa des Stadttheaters im Stil des Neo-Rokoko.

Es nutzte alles nichts: Auch in Fürth triumphierte der Nationalsozialismus. Alle jüdischen Geschäfte mussten schließen,

Diese einfache Dachkammer im Altbau des Jüdischen Museums Fürth diente als Laubhütte. Über Seilzüge öffneten sich Abteilungen des Dachs wie Schiebetüren, und beschattet von Laub- und Buschwerk feierten die Bewohner das Laubhüttenfest unter freiem Himmel.

wurden geplündert oder „arisiert", sprich: für einen Apfel und ein Ei aufgekauft. Die Synagogen gingen in Flammen auf. Wer nicht beizeiten emigrierte (wie die Familie Kissinger mit dem jungen Henry, später US-Außenminister unter Nixon und Ford), fiel der Deportation anheim und starb im KZ. Nur 23 Juden überlebten den Krieg in Fürth.

Für vier Jahrzehnte führte die jüdische Gemeinde ein Schattendasein. Mit dem Zusammenbruch der Sowjetunion ließen sich dann jüdische Emigranten in Fürth nieder. Heute zählt die Gemeinde gut 320 Mitglieder.

Unbedingt sollte man das Jüdische Museum Fürth schräg gegenüber vom Rathaus besuchen. Das beherbergt nicht nur eine Mikwe im Keller, sondern überdies eine Laubhütte. Das Dach des Altbaus ließ sich nämlich aufklappen, sodass die Bewohner das Laubhüttenfest unter freiem Himmel, lediglich von Zweigen und Laubwerk beschirmt, feierten.

49 Lebensläufe, in Stein gemeißelt
Baiersdorfs jüdischer Friedhof

Jüdische Friedhöfe liegen auf dem Land außerhalb der Dörfer, meist abgeschieden und gut versteckt. Doch der jüdische Friedhof von Baiersdorf befindet sich mitten im Zentrum des Städtchens.

Und das nicht etwa, weil Baiersdorf in seinem Wachstum den Friedhof mit Häusern nach und nach umzingelt hätte. Schon der älteste Stadtplan aus dem 19. Jahrhundert verzeichnet den Friedhof innerhalb der Stadtmauern. Vermutlich ist er bereits kurz nach Baiersdorfs Erhebung zur Stadt im Jahr 1355 angelegt worden.

Nicht nur die Lage, auch die Größe ist außergewöhnlich. Die Karte verzeichnet 1278 Gräber, auch wenn längst nicht alle mehr erhalten sind. Manch Grabstein ist umgestürzt und im Boden versunken, andere sind bis zur Unkenntlichkeit verwittert. Mitten im Friedhof tut sich eine Lichtung auf, hier und da lugt noch ein steinerner Riegel aus dem Gras. Manch ein Grabstein fehlt, weil ihn Nazis mutwillig zerschlagen oder für den Straßenbau missbraucht haben. Noch 2011 kamen Trümmer jüdischer Grabsteine auf einem Feldweg wieder zum Vorschein.

Dass der Baiersdorfer Friedhof so groß ist, hat er nicht der Größe seiner Gemeinde zu verdanken, sondern dem Umstand, dass die umliegenden jüdischen Gemeinden sich keinen eigenen Friedhof leisten konnten. So zogen die Leichenwagen aus Forchheim und Dormitz, aus Bruck und Kunreuth, aus Wiesenthau und Weihersbuch nach Baiersdorf.

Wer eine Führung auf dem Friedhof mitmacht (der Zugang ist verschlossen), ist beim ersten Hinsehen irritiert. Ganz dicht nebeneinander stehen die Grabtafeln mit hebräischem und deutschem Nachruf. Wobei die hebräischen Texte meistens noch viel mehr Charakteristika der Verstorbenen aufzählen als die deutschen.

Zahlreiche Steine sind mit den Insignien der Kohens, Levis und anderer Sippen geschmückt, als da wären Kannen, Hände, Schofarhörner, Kronen und Blumenkränze. Auch Löwen und Hirsche sind zu sehen, auf einem Relief springt ein Löwe auf eine riesige Mohnkapsel, Sinnbild des ewigen Schlafs.

Während die älteren Grabsteine aus dem Burgsandstein der Gegend bestehen, kamen im 19. Jahrhundert Stelen und Tafeln aus dem feineren Räthsandstein von Bubenreuth, Rathsberg und Effeltrich hinzu. Auch ein Obelisk aus teurem Syenit ist keine Seltenheit. Zu den Besonderheiten im Gräberfeld zählt das Gedenken an einen tragischen Todesfall: Drei Geschwister, die kurz nacheinander einem Fieber erlagen, teilen sich einen Grabstein. Dabei erhalten sie auf der Steintafel in drei nebeneinanderliegenden Abschnitten jeweils eine eigene Würdigung.

Auch diese Besonderheit zeichnet den Jüdischen Friedhof von Baiersdorf aus: Die jüdischen Gräber in Europa sind nach Osten, gen Jerusalem ausgerichtet, hier aber blicken sie nach Westen. Warum? Hinter der Westwand des Friedhofs stand bis 1939 die Synagoge. Die Gräber waren

Vom Zahn der Zeit zernagt, halten sich die Grabsteine mit deutschen und hebräischen Inschriften noch halbwegs aufrecht.

auf das Misrach-Fenster über dem Thoraschrein ausgerichtet. Dieses Fenster war ein Sinnbild für Jerusalem. Nebenan stand das abgerissene Tahara-Haus, in dem die Toten gewaschen und eingekleidet wurden. Es verfügte über einen Balkon. Von dort aus leiteten die Priester die Beerdigung, ohne selbst den Friedhof zu betreten. Denn ein Friedhof gilt in jüdischer Vorstellung sowohl als heiliger und zugleich als unreiner Ort, nach dessen Besuch man sich zu reinigen hat.

Schon lange vor dem „Dritten Reich" waren die meisten Baiersdorfer Juden nach Amerika ausgewandert. Der letzte Grabstein verzeichnet das Jahr 1938. Die letzten beiden Juden von Baiersdorf wurden deportiert und starben in einem Lager bei Belzec.

50 Schuften für den Endsieg
Happurg und die Doggerstollen

Idylle und Grauen liegen bei Happurg nahe beieinander. Über Happurg erhebt sich die Houbirg, ein Berg mit einer Siedlung aus keltischer Zeit. Darunter verläuft ein künstliches Höhlensystem. Die Stollen haben KZ-Häftlinge gegraben, für den Bau von Flugzeugen unter bombensicheren Bedingungen.

1942 hatte sich für die Wehrmacht das Kriegsglück gewendet, im Sommer 1943 bombardierten die Alliierten deutsche Rüstungszentren. Auf der Suche nach bombensicheren Produktionsstätten wurde man in Happurg bei Hersbruck fündig. Dort befanden sich einige aufgegebene Eisenerzstollen. Die Houbirg schien aufgrund ihrer geologischen Schichtung, in der vor allem Dogger vorkam, der ideale Ort, um schnell ein Stollen- und Höhlensystem anzulegen: das sogenannte Doggerwerk. Die Ingenieure berechneten eine Fläche von 120.000 Quadratmetern, den Einsatz von 5.000 Häftlingen, Kosten von 15 Millionen Reichsmark und eine Bauzeit von drei Monaten. Die Häftlinge sollten in jedem Stollen täglich drei Meter vorankommen.

Im Mai 1944 trafen die ersten KZ-Insassen aus Flossenbürg ein. Die ersten von insgesamt 9.000 aus 23 Nationen. Diese lagerten erst in Scheunen, dann in eigenen Baracken. Kaum standen die Baracken, mussten die Häftlinge schon eine Transportbahnlinie verlegen. Ebenso quartierte sich die SS samt Offizieren und Wachmännern ungefragt in Happurg ein. Obwohl das Projekt strengster Geheimhaltung unterlag, sickerten Gerüchte um den Bau von Wunderwaffen durch.

Während deutsche Berg- und Fachleute an technischen Fragen tüftelten, waren die Häftlinge für die schwere körperliche Arbeit zuständig. Für das Bohren im Gestein, das Aufsammeln von Gesteinsschutt und das Schieben der Loren. Dies alles bei armseliger Kost und unter ständigem Prügeln sadistischer Kapos und Wachen. Der Anblick der ausgemergelten Gestalten erschütterte die Einwohner, denen die Wachleute Gräuelgeschichten über angebliche blutrünstige Partisanen und Verbrecher erzählten. Trotz Strafandrohung wurde den Gefangenen heimlich etwas zugesteckt: Essensreste aus der Wirtschaft, Obst und Brötchen.

Wer wissen will, was Vernichtung durch Arbeit bedeutet, hier kann er es erfahren. In zehn Monaten gingen etwa 4.000 bis 5.000 Gefangene zugrunde. Geschuftet wurde rund um die Uhr, in drei Schichten zu acht Stunden, sieben Tage in der Woche. Als absehbar war, dass der Zeitplan nicht einzuhalten war, verschärfte sich der Druck noch mehr. Ein Leben zählte nichts, jeder tote Arbeiter war durch einen Neuzugang aus Flossenbürg zu ersetzen. Die Toten wurden an zwei Stellen im Wald unter freiem Himmel über einer Grube, belegt mit einem Rost aus Eisen und Schienen, verbrannt. Knapp zwei Kilometer vom Dorf Hohenstadt entfernt und beim Dorf Schupf. Was der Rauch und der Gestank bedeuteten, war jedem Bewohner klar.

Eine Steinstele und Bildnisse, die wie Fahnen schwanken, erinnern an einige der vier- bis fünftausend Toten, die beim Dorf Hohenstadt unter freiem Himmel eingeäschert wurden.

Als die Amerikaner näher rückten, mussten im Januar 1945 auf Himmlers Befehl die Häftlinge zu einem Todesmarsch aufbrechen. Offenbar wollte man sie ins Ötztal treiben, um sie bei Verhandlungen als menschliche Schutzschilde zu benutzen. Bei dieser Verlegung per Bahn und zu Fuß starben weitere Gefangene durch Erschöpfung oder wurden auf der Flucht erschossen. Nur den wenigsten gelang das Entkommen.

Nach dem Krieg herrschte darüber jahrzehntelang Schweigen in Happurg und Hersbruck. Die Stollen wurden zugemauert, das Lager abgerissen. Lediglich einige Gedenksteine erinnerten an das himmelschreiende Unrecht. Erst gut 50 Jahre nach Kriegsende kamen Dokumentationen mithilfe überlebender Häftlinge zustande.

Das Lager Hersbruck gilt als ein „Außenlager" des KZ Flossenbürg. Formal stimmt das zwar, klingt aber wie eine weniger grausame Variante eines KZ. Tatsächlich unterschied sich das Leben und Sterben unter menschenverachtender Brutalität dort in nichts von dem in einem Konzentrationslager.

51 Ironie der Geschichte
Der Pleikershof bei Cadolzburg

Ausgerechnet dort, wo einer der übelsten Judenhasser residiert hatte, fanden jüdische KZ-Überlebende ein Zuhause und erwarben Kenntnisse in landwirtschaftlichen Tätigkeiten, bevor sie sich in Israel niederließen.

Einer der berüchtigtsten Demagogen der NS-Zeit war der „Frankenführer" Julius Streicher. Einen solchen Titel, der sich nicht von ungefähr an den des „Führers" Adolf Hitler anlehnte, hatte sich sonst kein Gauleiter angemaßt. Dabei war Streicher (1885–1946) kein Franke, sondern Schwabe. Er stammte aus Fleinhausen bei Augsburg, und sein Dialekt blieb zeitlebens dem schwäbischen Zungenschlag verhaftet. Im Brotberuf war er Hauptschullehrer.

Bekannt ist Streicher in erster Linie als Urheber und Chefredakteur des Hetzblattes „Der Stürmer", in welchem er obsessiv die Juden diffamierte und verleumdete. Wobei ein Ton der sexuellen Denunziation dominierte, der geradezu hysterisch und absurd wurde. So behauptete Streicher ernstlich, dass eine nichtjüdische Frau, die mit einem Juden schlafe, von diesem „imprägniert" werde und zeitlebens nur noch Bastarde auf die Welt bringe.

Dabei war „Der Stürmer", bereits 1923 gegründet, Streichers eigene Publikation. Trotz der Verherrlichung Hitlers galt er nicht als Parteiorgan und trug auch kein Hakenkreuz im Titelkopf. Selbst unter den Parteigrößen galt Streicher als Persona non grata. Man mied den Umgang mit ihm, was seine Geltungssucht nur steigerte. Dazu bereicherte sich Streicher schamlos durch Beschlagnahmungen und „Arisierungen" jüdischen Besitzes.

Schließlich überspannte Streicher seine Provokationen. Als er kolportierte, dass Görings fünftes Kind durch künstliche Besamung zustande gekommen sei, und seine Korruption offenbar wurde, setzte man ihn 1940 ab und verbannte ihn auf seinen Pleikershof, den er 1936 erworben hatte, bis irgendwann ein „Ehrengericht" abschließend über ihn befinden sollte. Die Herausgabe des „Stürmer" allerdings überließ man ihm weiterhin.

Im Februar 1945 erschien die letzte Ausgabe des „Stürmer". Zu Kriegsende setzte sich Julius Streicher in die Alpen ab, ließ sich einen Bart wachsen und gab sich als Kunstmaler aus. Trotzdem wurde er bereits im Mai 1945 erkannt und verhaftet. Im Nürnberger Prozess gegen die Hauptkriegsverbrecher lautete die Anklage gegen ihn auf „Verbrechen gegen den Frieden" sowie „Verbrechen gegen die Menschlichkeit", da er mit seiner Hetze das geistige Klima für den Massenmord mit geschaffen hatte. Zum Tode verurteilt, starb Streicher am 16. Oktober 1946 in Nürnberg am Galgen. Seine Asche fand, wie die der anderen hingerichteten Kriegsverbrecher der Nürnberger Prozesse auch, ein nasses Grab in einem Münchner Bach.

Während Streicher flüchtete, quartierten die Amerikaner „Displaced Persons", also heimatlose ehemalige KZ-Häftlinge und Verschleppte in kleinen Lagern ein,

Geradezu riesig wirkt das Hauptgebäude des Pleikershofs.
Nichts erinnert mehr an die NS-Vergangenheit.

darunter auch im Pleikershof. Dort fanden die Überlebenden Ausgaben des „Stürmer“ sowie von „Mein Kampf“. Als ihnen bewusst wurde, in wessen Gehöft sie da lebten, empfanden die meisten von ihnen ein Gefühl des Triumphs.

Auf dem Hof lernten die Überlebenden unter Anleitung zweier Bauern Ackerbau und Viehzucht. Doch war der Pleikershof für alle nur eine Durchgangsstation. Hier erwarben sie sich die Grundlagen, um einen Kibbuz in Israel zu leiten. Wobei die Gründung des Staates Israel noch ausstand, bis dahin war Palästina britische Mandatszone. Und die Briten wollten vorerst keine Juden ins Land lassen. Diejenigen, die sie bei der Einreise erwischten, internierten sie auf Zypern.

1948 wurde der Staat Israel gegründet, und im selben Jahr wurde auch das Lager Pleikershof aufgelöst. Heute ist der Pleikershof ein großes, aber unauffälliges Gehöft am Ende einer Stichstraße und wird bewirtschaftet wie ein ganz normaler Bauernhof. An Julius Streicher erinnert dort nichts mehr.

52 Kopfüber in die fetten Jahre
Der Fürther Ludwig Erhard

Gestern war man noch bettelarm und bekam sein kärgliches Brot mittels Lebensmittelmarke. Und auf einmal kauft man gutes Essen mit richtigem Geld, bezieht eine Stube, und auf der 50-Pfennig-Münze pflanzt eine Frau ein Bäumchen. Zu verdanken ist das einem wohlbeleibten Herrn aus Fürth: Ludwig Erhard.

Das stimmt so nicht ganz. Als am 20. Juni 1948 die D-Mark eingeführt wurde und die Schaufenster sich über Nacht füllten, schoben die Bürger dieses Wunder im Nachhinein Erhard zu. Doch der war nicht unmittelbar daran beteiligt. Die Währungsreform hatten sich die Westalliierten unter Federführung des US-Ökonomen Edward Tenenbaum ausgedacht. Die Wirtschaftsreform allerdings war tatsächlich Erhards Werk.

Vom Fleisch gefallen war Ludwig Erhard (1897–1977) nicht gerade, die Polster sollten mit den Jahren noch wachsen, und mit seiner Vorliebe für Zigarren galt der Wirtschaftsminister als Verkörperung des Wirtschaftswunders wie auch als Klischeefigur des Kapitalisten. Dabei hatte der Wirtschaftswissenschaftler und Veteran des Ersten Weltkriegs mit seinem Bruder das väterliche Wäschewarengeschäft in Fürth zwar übernommen, aber nicht halten können. 1929 meldete er Konkurs an. Nicht gerade eine Empfehlung. Zur Entschuldigung sei gesagt: Damals stand fast jeder vor dem Ruin. Erst hatte die Hyperinflation 1922/23 das Vermögen der Rentner, Sparer und kleinen Leute aufgefressen, dann legte 1929 der Börsenkrach nach. Diese Erfahrung prägte Erhard sein Leben lang.

Es ist schön, wenn Befürchtungen sich nicht bewahrheiten. Geradezu ergötzlich aber ist es, in Kenntnis des Wirtschaftswunders die warnenden Kassandrarufe am Ende der 1940er-Jahre nachzulesen. „Mit Erhard in den Abgrund" orakelten Sozialdemokraten. Wie ist das zu begreifen? Als sich abzeichnete, dass die vier Besatzungszonen sich zu zwei deutschen Staaten fügen würden, war die Frage der wirtschaftlichen Orientierung in den Westzonen offen. Die Konzepte der CDU und der SPD standen sich unvereinbar gegenüber. Die Sozialdemokraten sahen in Erhards Konzept den erneuten, gar endgültigen Untergang des gerade sich aufrappelnden Deutschlands.

Dabei klang Erhards Konzept der freien Marktwirtschaft in seinen Worten schlicht, aber überzeugend: „Der Konsument ist der einzige gerechte demokratische Richter in der Wirtschaft. Der Staat setzt und schützt die Rahmenbedingungen bis zur Infrastruktur. Er sorgt für Rechts- und Vertragssicherheit, garantiert Eigentum und Bildung. Der Staat gewährleistet die Absicherung bei Scheitern im Wettbewerb."

Wie war Ludwig Erhard in die Schlüsselposition des Wirtschaftslenkers gekommen? Durch ein Missverständnis. Die Amerikaner fragten, was die Deutschen

Eine Büste vor der „kunst galerie fürth" erinnert an den Wirtschaftsminister und zweiten Kanzler der Bundesrepublik sowie an den „Wohlstand für alle". Fürths Rathaus daneben ist nicht zufällig der Signoria von Florenz nachempfunden.

brauchten, und auf dem Wunschzettel stand Korn. Im Amerikanischen bedeutet „Corn" Mais, darum wurden die Deutschen mit Mais überschüttet. Als der Direktor der Bizonenverwaltung Johannes Semler sich über das „Hühnerfutter" beschwerte, feuerten ihn die Amerikaner im Januar 1948, dafür berief der Frankfurter Wirtschaftsrat diesen netten Ökonomen aus Fürth.

Von 1949 bis 1963 diente Ludwig Erhard als Wirtschaftsminister, dann folgte er Konrad Adenauer als Kanzler nach. Aber Erhard war kein Machtmensch, und Feinde wie Freunde nutzten dies weidlich aus. Zermürbt trat Erhard am 30. November 1966 zurück. Danach arbeitete er als Abgeordneter weiter und verzog sich an den Tegernsee.

Im Ludwig-Erhard-Museum in Fürth taucht der Besucher in die Glanz- und Speckzeiten der 50er-Jahre ein. Das kurioseste Exponat ist der Brief einer Zehnjährigen vom April 1965 an Frau Erhard mit der Bitte um Zigarrenbanderolen: „Du kannst sie ruhig aus dem Aschenbecher nehmen. Ich mache einen Umschlag fertig, da kannst du bitte ein paar drintuen."

53 Rock 'n' Roll made in Franconia
Die Geigenbauer von Bubenreuth

Was haben die Beatles, die Rolling Stones und Yehudi Menuhin gemeinsam? Sie alle haben mit Instrumenten und Zubehör aus Bubenreuth Musik gemacht. Die Gemeinde bei Erlangen ist Sitz von Spitzenunternehmen des Geigen- und Gitarrenbaus.

Die Geigenbauersiedlung von Bubenreuth ist noch keine achtzig Jahre alt. Doch ihre Tradition reicht viel weiter zurück. Alles begann Mitte des 17. Jahrhunderts im Städtchen Schönbach (heute Luby), das im Egerland liegt, damals zum Habsburger Reich gehörte und nach dem Ersten Weltkrieg den äußersten Westen der ersten tschechischen Republik bildete. Seine Musikinstrumenten- und besonders Geigenbauer genossen europaweit einen ausgezeichneten Ruf.

Nach dem Ende des Zweiten Weltkriegs wurden die 4.500 sudetendeutschen Instrumentenbauer aus ihrer Heimat vertrieben. Wohin nun? Sollten sie sich zerstreuen oder zusammenbleiben? Letzteres war eigentlich unabdingbar, denn man kannte sich untereinander, und die einen arbeiteten den anderen zu. Die Instrumentenbauer hatten jeweils ihre festen Zulieferer, etwa Halsschnitzer, Wirbeldrechsler, Stegmacher und Saitenzieher. Man war ein riesiges, aufeinander eingespieltes Team. Aber es schien unmöglich, sich zusammen neu anzusiedeln, denn welche Gemeinde würde tausende Flüchtlinge auf einmal aufnehmen?

Ausgerechnet das kleine Bubenreuth, zwei Kilometer nördlich von Erlangen, mit seinen damals etwas mehr als 600 Einwohnern erklärte sich auf Initiative seines Bürgermeisters bereit, 1.600 Flüchtlinge aus Schönbach aufzunehmen. Am 20. Oktober 1949 legte man den Grundstein für die sogenannte Geigenbauersiedlung, die in Fertigbauweise entstand. Eine Gemeinde nahm eine mehrfache Zahl an neuen Bürgern auf. Wäre so etwas heute noch möglich?

In dem Maß, in dem der Name Schönbach in Vergessenheit geriet, wurde der Name Bubenreuth in Fachkreisen bekannt. Und nicht nur im Orchestergraben. Auch der Fertigung von Elektro-Gitarren und E-Bässen wandten sich die Instrumentenbauer zu. Und wie die Bubenreuther den Rock 'n' Roll entdeckten, so entdeckte die Rockmusik Bubenreuth. Zu den prominentesten Kunden gehört Paul McCartney. Der tauschte als Halbwüchsiger seine Trompete gegen seine allererste Gitarre ein, eine Zenit Nr. 17 der Firma Framus (der Name steht für „Fränkische Musikinstrumentenerzeugung").

Dieser Gitarre folgte 1961 McCartneys gambenförmiger Bass aus der Werkstatt Höfner. Nun interessierten sich auch John Lennon und George Harrison für die Gitarren aus Mittelfranken. Ebenso Bill Wyman von den Rolling Stones und Ritchie Blackmore von Deep Purple. John Paul Jones, der Bassist von Led Zeppelin, griff zur „Bohnenstange", dem Upright Bass der Firma Triumph, ein Instrument fast ohne Korpus. Auch

Als Erinnerung an die alte Heimat steht ein Abbild des Schönbacher Geigenmannls seit 1977 auf dem Eichenplatz in der Bubenreuther Geigenbauersiedlung.

Elvis Presley soll während seiner Militärzeit in Deutschland vorbeigeschaut und sich eine Gitarre der Firma Klira zugelegt haben. Laut Erzählungen der Seniorchefin war Elvis auf dem Weg zum Truppenübungsplatz Grafenwöhr, und ein Foto wurde geschossen, doch dieses ist unauffindbar. Eine erhaltene Gitarre des King, heute im Hardrock-Café von Tampa ausgestellt, ist tatsächlich eine Klira mit einem Tonabnehmer der Firma Framus. Die Chancen auf historische Wahrheit stehen also recht gut.

Bubenreuths Boom der 60er-Jahre ist der Übermacht aus Ostasien gewichen. Heute werkeln nur mehr 200 Geigen- und Gitarrenbauer im Ort. Ihr Trumpf: höchste Qualität. Ganz ist die Erinnerung an die alte Heimat nicht erloschen. In der Geigenbauersiedlung, am Eichenplatz, steht seit 1977 eine Kopie des Wahrzeichens von Schönbach: das Geigenmannl.

Und Yehudi Menuhin? Der spielte zeitlebens auf einer Stradivari und einigen Guarneri. Aber der Bogen, der kam aus Bubenreuth.

54 Ein lebendes, wachsendes Gebäude
Pappenheim und die Weidenkirche

Von einer „lebendigen Kirche" erzählen die Pfarrer aller Konfessionen jeden Sonntag. Wie so eine lebendige Kirche aussieht und sich anfühlt, kann man in Pappenheim bewundern. Dort steht die erste Weidenkirche nicht nur von Mittelfranken, sondern von ganz Bayern.

Die ältesten Kirchen und Kapellen in Mittelfranken bestanden aus Holz und gestampftem Lehm und sind längst vergangen. Der Nachbau solch einer Lehmkirche aus dem frühen Mittelalter steht bei Westheim im Landkreis Weißenburg-Gunzenhausen. Dann baute man jahrhundertelang in Stein, ab der zweiten Hälfte des 20. Jahrhunderts vor allem mit Beton und Glas. Nun aber scheint sich eine neue Architektur im Sakralbau abzuzeichnen: die Baubotanik in Gestalt einer Weidenkirche.

Die Weidenkirche in Pappenheim ist die erste dieser Art in Bayern. Ihr architektonisches Prinzip ist im Grunde ganz einfach: Mehrere Bögen aus Stahlrohr, im Abstand von wenigen Metern hintereinander angeordnet, bilden einen Tunnel, der in eine kreisförmige Weitung mündet, die oben mit einer Kuppel abschließt, aber eine runde Öffnung zum Himmel lässt. Somit entspricht die Grundstruktur derjenigen der traditionellen Basilika: ein Langschiff mit abschließendem rundem Chor.

Die Konstruktion ist ebenfalls einfach. Man verankert Metallstäbe im Boden und pflanzt Weidenruten an ihnen an. Dafür braucht es keine Experten, sondern Freiwillige, die unter fachmännischer Anleitung Hand anlegen. In wenigen Jahren wachsen die Weiden an den Metallstreben nach oben und zur Seite, verknüpfen sich mit ihren Nachbarn und bilden schließlich ein Dickicht. Der Flora folgt die Fauna, Vögel nisten darin, Bienen summen, Schmetterlinge flattern umher. In Pappenheim bilden sieben Rundbögen und zwölf Kuppelbögen eine Konstruktion von 30 Metern Länge, in der 150 Menschen Platz finden. Die Kirche imponiert nicht durch ihre Ausmaße, aber entfaltet – gerade im Sommer – einen Charme von umwerfender Wirkung.

Deutschlands Urkirche dieser Bauart steht in Rostock. Der Weidendom setzte das Beispiel. Leider hat dort im Jahr 2022 eine weggeworfene Zigarette erheblichen Schaden angerichtet. Weitere Weidenkirchen in Berlin und Kaiserslautern folgten. Eine runde, idyllische Weidenkapelle ist außerdem im Landkreis Ansbach zwischen Altendettelsau und Petersaurach zu bewundern.

Das klingt vielleicht sehr modern, aber eigentlich ist die Baubotanik keine Erfindung der Neuzeit, sondern wird schon seit Jahrhunderten praktiziert. Ganz am Anfang gab es die natürliche Brücke in Gestalt eines umgekippten Baumstamms über einem Bach. In Indien und Japan überqueren die Menschen Schluchten auf lebenden Brücken, meistens Gummibäumen oder anderen Bäumen, die Luftwurzeln austreiben, welche dann geschickt miteinander verflochten werden.

Ein paar Metallbögen in die Erde rammen, den Rest übernimmt die Natur. Die Pappenheimer Weidenkirche ist ein hervorragendes Exemplar der Baubotanik.

Konstruktionen aus lebendigem Holz haben sich auch in Deutschland über die Jahrhunderte erhalten: die Tanzlinden. Das sind Linden mit breiter Krone und weit ausladenden Ästen, auf die man eine Plattform zimmerte und mit Balken abstützte. Im Sommer feierte auf diesen lebendigen Tanzböden die Dorfjugend. Daneben gab es die sogenannten Landhegen wie bei Rothenburg ob der Tauber, schützende Wälle und Gräben mit dicht wuchernden Hecken.

Ob das Bauen mit Stahlrohr und Weidenrute nur eine architektonisch-ästhetische Episode bleibt oder eine Vorstufe künftiger (Sakral-)Architekturen darstellt, ist offen. Auf jeden Fall ist die Pappenheimer Weidenkirche ein bemerkenswerter Bau.

55 Pilgern und das Leben überdenken
Der Fränkische Jakobsweg

Seit dem Wanderbericht eines Prominenten ist Pilgern in Mode gekommen. Um sein Leben zu überdenken, muss man nicht unbedingt bis nach Santiago de Compostela wandern. Ein Fußweg von Nürnberg nach Rothenburg tut es auch.

Pilgern ist keine Erfindung des Mittelalters. Der beschwerliche Weg zu einem Heiligtum galt schon in der Antike als eine besondere religiöse Übung. Strapazen, Erschöpfung, aber auch Standhaftigkeit wurden als notwendig erachtet, damit sich für die mühseligen Pilger die Erwartung erhöhte, endlich in den Genuss der göttlichen Zuwendung zu kommen. Nach Rom und Jerusalem galt vor allem Santiago de Compostela in Spanien als prominenter christlicher Wallfahrtsort. An Jakobus allein lag es nicht, wohl aber an dem in Spanien gut ausgebauten Herbergssystem, das die Pilgerreise erleichterte.

Wer unternahm Wallfahrten? Vornehmlich Pilger, die es sich leisten konnten. Oder die außer ihrem Seelenheil nichts mehr zu verlieren hatten. Was waren die Gründe? Gelübde, Buße, Dank. Oder Angst. Zum Tilgen des Sündenregisters übte man ausgefallene Kasteiungen. Gewiss wanderte man nicht aus Gründen der Selbsterfahrung, denn auch ein Pilger war nicht gefeit vor Räubern, Unfällen oder Krankheiten. Je weiter das Ziel, umso ungewisser die Fahrt, geschweige denn die Heimkehr. Manche aber pilgerten zum Lebensunterhalt. Professionelle Wanderer gingen stellvertretend für andere, die an der Erfüllung ihrer Gelübde gehindert waren, auf Wallfahrt. Natürlich gegen Bezahlung.

Lange galt die Wallfahrt als fromme katholische Eigenart. Dann entpuppte sich im Jahr 2006 der Erlebnisbericht eines bekannten Kabarettisten überraschend als Bestseller. Obwohl oder gerade weil der wohlstandsverwöhnte Pilger die Strapazen nicht beschönigt und einige Weggefährten sarkastisch charakterisiert. Jedenfalls traf das Buch einen kollektiven Nerv.

Den einen Jakobsweg gibt es nicht, sondern ein Netz an Routen, die sich in Santiago de Compostela treffen. So ist der Fränkische Jakobsweg nur einer von vielen. Unsere Etappe erstreckt sich von Nürnberg über Heilsbronn und Weihenzell nach Rothenburg ob der Tauber. Sie beginnt in Nürnbergs Jakobskirche und endet vor der Rothenburger Hauptkirche Sankt Jakob.

Ein Blick auf die Karte sorgt für Verblüffung: Der Jakobsweg von Nürnberg nach Rothenburg ist nicht der kürzeste Weg. Mit dem Auto auf der Bundesstraße sind es etwa 70 Kilometer. Der Fränkische Jakobsweg hingegen führt erst nach Südwesten bis Heilsbronn, um sich dann gen Westnordwest nach Rothenburg zu wenden. Der Grund dafür sind die Wegstationen. Der Weg orientiert sich nicht nach der direkten Linie zwischen Start und Ziel, sondern nach den Jakobskirchen in der Gegend. So nach dem Heilsbronner Münster St. Maria und St. Jakob, in dessen Zisterzienserkloster die Pilger seinerzeit Zuflucht fanden.

Die Jakobskirche von Rothenburg ist eine der schönsten Gotteshäuser auf dem Jakobsweg. Zudem beherbergt sie den Heilig-Blut-Altar von Tilman Riemenschneider.

Von Heilsbronn ging auch die Reaktivierung des Jakobsweges aus. Der dortige Pfarrer Paul Geißendörfer schilderte zusammen mit dem Fränkischen Albverein 1992 den Fränkischen Jakobsweg aus (Emblem weiße Muschel auf blauem Grund) und erregte damit medial großes Aufsehen, 14 Jahre vor dem Pilgerbestseller! In der Folge wurden auch die weiteren Wegetappen wiederentdeckt.

Ausgerechnet ein evangelischer Pfarrer reaktivierte einen katholischen Brauch und fand Zustimmung. Dabei begriff er den Jakobsweg nicht als touristische Attraktion, sondern als Weg der spirituellen Selbsterfahrung. So gesehen ist der Fränkische Jakobsweg als eine der ersten Strecken der massenhaft auftretenden Jakobswanderer in Deutschland von religions- und sozialgeschichtlicher Bedeutung. Und eine Einladung, das schöne Mittelfranken hautnah und geduldig kennen- und lieben zu lernen.

Die Autoren
Reinhard Kalb und Tilmann Grewe

Der Autor
Reinhard Kalb hat sein Handwerk bei einer Nürnberger Tageszeitung gelernt und arbeitet als freier Journalist, hauptsächlich im Bereich Kultur.

Der Fotograf
Nach seinem Magister-Studium der Politikwissenschaft und der Soziologie war Tilmann Grewe rund drei Jahrzehnte als Lokalredakteur und Polizeireporter für eine Nürnberger Tageszeitung tätig. Seit 2020 ist er als freiberuflicher Fotograf, Autor und Journalist überwiegend in Nürnberg und Mittelfranken unterwegs. Er hat einige Bücher veröffentlicht und an weiteren Buchpublikationen als Fotograf mitgewirkt.

Bildnachweis

Alle Fotos stammen von Tilmann Grewe mit Ausnahme der folgenden Aufnahmen:

Einband vorne: Shutterstock/Sina Ettmer Photography;
Seite 49: Franz Schindele/Stadt Dinkelsbühl;
Seite 91: Christine Berger/Fränkisches Freilandmuseum Bad Windsheim;
Seite 103: Annette Kradisch/Jüdisches Museum Franken;
Seite 118 rechts: Ralf Rödel.

In Wolframs-Eschenbach scheint die Zeit stehen geblieben zu sein. Eine perfekte Filmkulisse für den „Räuber Hotzenplotz".

Durch diese Schleuse bei Burgthann passierten einst Lastkähne auf dem Alten Kanal.
Jeder Schleusenwärter bekam ein eigenes Häuschen in direkter Nähe spendiert.

Vorsatz: Bunte Ortschaften zwischen bewaldeten Hügeln prägen Teile der Hersbrucker Schweiz.
S. 2/3: Blick von der Festung Rothenberg hinab auf das Schnaittachtal.
Nachsatz: Der Rothsee nahe Allersberg entstand zwischen 1985 und 1993 als Überleitung von Altmühlwasser in die Donau.

Impressum
Sutton Verlag GmbH
Schweickhardtstraße 1
72072 Tübingen
www.suttonverlag.de

ISBN: 978-3-96303-504-3
Druck: Printed in Poland by CGS
Gestaltung und Herstellung: Sutton Verlag
Lektorat: Matthias Kunstmann, Karlsruhe